AF456329

Histoire d'Alligny Cosne - de 1790 à 1820

(E. Jarreau)

Errata

page 1 - ligne 9, lire : "quelques promesses"

page 3 ligne 8 ; lire : "domaine de Champcoin"

page 3, ligne 17, lire ; "Jacques Normand, de Villerot"

page 4, ligne 5 (suite) lire ; "en ce qui concerne les Denoirleterre et les Chenal. En effet, Edme Chenal, le père, est marié à Marie Anne Chenon, sœur de Anne Chenon, femme de Auguste Denoirleterre, son fils Edme en 1793, en se mariant avec Françoise Véronique Denoirleterre, épouse sa cousine"

page 8, ligne 26 - lire "provenant" au lieu de "provenat"

page 14, ligne 34, lire "le bénéfice de la menue et verte dîme" au lieu de "même et verdixme"

page 17, lignes 4, 5 et 9 lire "Roches" au lieu de Modus.

page 17 ligne 33, lire "Cluny" et non "Clunny"

page 18, ligne 31, lire : "Reuille-dîner" et non "Reuille-dives"

page 21, les lignes 30-31-32-33-34 et 35 de la fin de la page doivent être dans l'ordre

30-31-35-32-34-33.

page 22, ligne 11, lire "assez grandes" et non "assez grande"

page 25, ligne 11, lire : « si dûment générale » et non « si dûment agréable »

page 33 ensuite de ligne 21, lire : « Le Conseil, après délibéré, se croit dispensé de répondre à son mémoire, ou la démence etc »

page 38, ligne 33 lire : « le loisir de déchirer » et non « le loisir de dédicacer »

page 43, dernière ligne, lire « constitution civile » et non « contribution civile »

page 49, ligne 35, lire « les hochets du sacerdoce » et non les « brochets »

page 51 les lignes 27 et 26 sont interverties »

page 54, ligne 10, lire : « le souci était grand »

page 57 sur la fin, et au début de 58 lire : « Fauveau de Frénilly » et non « Frenilly »

page 72, ligne 2, lire : « les sentiments affectifs » et non « effectifs »

page 74 lignes 21 et 22, lire « ayant fourni la chambre »

page 82, ligne 16, ajouter et lire : « Les familles des volontaires sont priées de s'assembler dans la... »

page 91, ligne 15 « je l'ai fait avec l'intuition » et non « avec l'intention »

page 91, les lignes 25, 26, 27, 28 et 29 doivent être dans l'ordre : 25, 26 - 28 - 27 - 29.

page 93, ligne 17, lire : « c'est le statut de la psychologie fonctionnelle, et l'auteur de la "Psychologie des foules" semble l'ignorer »

page 95, ligne 2, lire : « cèdes seulement » et non « èdes seulement »

HISTOIRE

D'ALLIGNY-COSNE

de 1790 à 1820

Elie JARREAU

HISTOIRE d'ALLIGNY-COSNE

de 1790 à 1820

H. PONTAUT

IMPRIMEUR-ÉDITEUR — COSNE - NIÈVRE

1928

HISTOIRE

D'ALLIGNY-COSNE

de 1790 à 1820

Elie JARREAU

L' Organisation Municipale

Les élections municipales eurent lieu à Alligny, comme ailleurs, le dimanche qui suivit le jour de St-Martin 1789.

Chacun les avait préparées à sa manière. Les bourgeois par de nombreuses conversations avec les journaliers et les paysans; les gens de château par quelques cadeaux, quelques promesses et quelquelques menaces; et le curé Le Rasle par des prônes appropriés.

Certes, les esprits étaient échauffés et, tout en vibrant moins fort qu'à Paris, étaient animés d'un grand désir de changement. Cependant, rien n'était modifié dans les habitudes sociales. Les bourgeois qui minnaient le régime se retrouvaient tous à la messe du dimanche, déférents vis à vis les habitudes populaires et des croyances dont ils avaient pourtant pris la juste mesure.

Le curé Le Rasle est un savant curé, qui prêche sans se servir de papier. et ne mâche pas ce qu'il veut dire; son évêque en sait quelque chose, qui s'est entendu dire la réponse fameuse: « Ma cure vaut votre évêché; ou le ciel ou l'enfer. » En cette fin d'année 1789, il a déblatéré fort sur les « brigands » qui ne sont rien moins que les députés des Etats Généraux, sur l'esprit nouveau, l'impudicité, l'irréligion, les libertins, et les punitions divines qui vont s'abattre sur les fauteurs et le peuple s'il les écoute.

Celui-ci a depuis deux ans, l'oreille ouverte à d'autres sujets et les homélies du curé Le Rasle ne lui tournent point la tête comme à quelques dévots forcenés qui demeurent près de l'église. Ecoutant et réfléchissant il se sent tout à la fois catholique et royaliste et pense que le curé exagère. C'est pourquoi, en dépit de Le Rasle, il votera pour les bourgeois qui ont établi les « cahiers » de la paroisse et pour les notables qui sont pour l'esprit nouveau, en grande majorité.

Les élections eurent lieu dans l'église même, laquelle depuis que les gens d'Aligny étaient affranchis (vers 1250) servait de lieu de réunion lors des élections du syndic, des notables et collecteurs d'impôts.

Les citoyens « actifs » (ceux qui payaient en impôts au moins la valeur de trois journées de travail) élirent comme maire Edme Chenal, 58 ans, fermier des biens du Prieuré de Saint-Verain, et propriétaire sur cette commune de quelques arpents de vigne, de bonnes terre, de deux immeubles bourgeois dans le bourg et d'une maison à Cosne; homme considéré et instruit.

Fut élu procureur, sieur Augustin Denoireterre, ancien greffier du baillage, 58 ans, fermier des terres de la seigneurie d'Alligny et propriétaire du domaine de Champroux.

Le premier officier municipal fut Alexis Roussel, « ancien gendarme du roy » propriétaire des domaines du Mousseau, de La Forêt et de belles parcelles de terre et de vigne un peu partout dans la commune.

Les autres officiers municipaux étaient Vrain Baron, Pierre Roblin, Léger Lemoine et Jacques Normand de Villard, fils de Jacques Normand, de Bois Joly.

Ces derniers personnages ont assurément un peu d'influence et sont, sauf Lemoine, des zélés de l'esprit nouveau; mais ne sont ni riches ni instruits comme Chenal, Denoireterre et Roussel Alexis dont le frère est propriétaire de la seigneurie de Vauzème.

Les Roussel possèdent au bourg, près de la maison Chenal, une propriété respectable composée d'immeubles, de bons jardins, vaste cour avec remise et porte cochère et ne sont séparés de la propriété Denoireterre que par la rue Creuse.

Les défenseurs de l'esprit nouveau sont donc des bourgeois qui se sont enrichis dans la judicature, dans le commerce des bois ou comme fermiers et propriétaires. Ils ont été les hommes d'affaires d'une noblesse absentéiste et se sont surtout enrichis à ses dépens.

Ce sont des amis, des commensaux, et mieux, des parents ; tout au moins en ce qui concerne les Denoireterre et les se mariant avec Françoise-Véronique Denoireterre, fille d'Augustin, épouse donc sa cousine.

Les Chenou sont une famille prolifique. En 1764, un Chenou était bailli à Alligny et deux siens cousins étaient baillis, l'un à Saint-Verain, l'autre à Saint-Amand. Il existe en outre deux frères Chenou au bourg, marchands de bois, qui joueront un rôle politique et un Chenou, maitre chirurgien accoucheur.

Ce dernier avait une concurrente sérieuse dans la mère Françoise Bailly, qui se contentait de quelques produits en nature pour ses accouchements et ne faisait pas plus mourir d'accouchées que lui.

Il semblerait que les immeubles Chenal et Denoireterre eussent constitué l'héritage Chenou, gens de justice, enrichis dans les procès, engraissés d'amendes et de dons en nature.

Les électeurs élurent également douze notables, paysans possédant quelques vaches et quelques arpents de terre et que nulle culture ne différenciait de la masse.

Dans l'ensemble, il n'y a point d'exaltés: Ce sont des gens qui ont souhaité un changement dans l'économie générale de la nation et qui maintenant ont la volonté de le réaliser.

Nous sommes en Mars 1790. Rien de ce qui se passe à Paris n'est ignoré ici. Tout le monde sait que les privilégiés se préparent à la lutte et que la France entière entend défendre la constitution nouvelle qui consacre la souveraineté de la loi, émanée des représentants du peuple.

Les officiers municipaux se réunissent le dimanche « à l'issue de la messe », vers les midi, dans une chambre que le sieur Chenal a mise à leur disposition et meublée très sommairement. Là, on ouvre les paquets de lois arrivés dans la semaine, les décrets, les lettres patentes du roi ou celles émanant de la commission intermédiaire du Berry.

Toute réception de décret ou même de simple lettre est suivie d'une copie sur un registre spécial et d'un procès-verbal de réception ou d'envoi sur un autre registre qui sera plus spécialement le registre des délibérations des officiers municipaux et de l'assemblée générale de la commune.

Les municipaux se sont adjoints le sieur Godon comme Greffier. C'est un petit propriétaire de La Brosse aux Bruns et qui habite au bourg une maison couverte en paille comme toutes les maisons du bourg et qui n'est séparée du cimetière que par une petite aisance. Il a dû être saute-ruisseau au greffe du baillage car il sait écrire correctement, et rédige des procès-verbaux de séance qui reflètent bien les sentiments de l'assemblée.

Le père Chenal, en Décembre 1790, ayant besoin de la chambre prêtée par lui, Augustin Denoireterre offre « la chambre à Christophe » dans son immeuble, et la loue pour 3 ans à la municipalité à raison de vingt quatre livres par an. Nouveau changement imprévu en Octobre 1793. A ce moment, le Conseil général de la commune (ensemble des officiers municipaux et des notables) prend à loyer à raison de quarante francs par an la chambre haute de la veuve Chenal et le cabinet attenant. Enfin en 1794, la mairie est transférée à la cure, le curé constitutionnel Vaudry s'étant marié avec une fille de Edme Chenal, et habitant chez ses beaux-parents.

Le fonctionnement de la nouvelle machine administrative ne laisse rien à désirer, ceux qui ont la main au volant étant des administrateurs de longue date.

La municipalité élue par le peuple hérite des charges du baillage dont les fonctionnaires étaient avant cela les gens du seigneur d'Alligny. Tout comme au tribunal du bailli il y a la municipalité, un procureur chargé de poursuivre les délinquants et de défendre les droits de de la communauté. Il n'y a point de changements considérables et le ministre qui a préparé le statut des municipalités a bien fait la chose.

La méthode de travail est simple. Les officiers municipaux se réunissent quand besoin est, prennent les décisions opportunes et légales, rédigent et signent les procès-verbaux de leurs réunions, en font faire des extraits par le greffier qu'il envoie au district si cela est nécessaire, ou qu'ils font remettre aux particuliers si c'est utile.

La formule générale des délibérations qui incluse les particularités est simple et souple et d'allure judiciaire; ce sont vraiment les formules du baillage. Dans ce moule, ils savent verser à l'occasion tantôt, Chenal, de l'éloquence froide, tantôt Roussel, son enthousiasme tumultueux.

Et dans tout cela, circule le respect absolu de la loi. J'ai vu leurs ressentiments, leurs haines, même mais toujours endiguées dans les formules du droit.

Il n'y a encore personne pour aider à l'exécution matérielle des décisions municipales au début de 1790. Il y a bien le sieur Guillien, « l'huissier aux tailles », ancien chef de garnison, paraît-il domicilié aux Barbezans, et qui dans d'autres circonstances sera manœuvre ou garde vignes, mais il continue de remplir des fonctions antécédentes.

Ce n'est que le 12 Septembre 1790 que Mabilat Etienne, nommé procureur, requiert la municipalité de lui fournir un huissier pour porter ses exploits et faire toutes significations. Celle-ci lui faisant droit, nomme à ce poste Gouthière, sergent aux Barbezans.

L'établissement de la garde nationale date du 11 juillet 1790. Le capitaine commandant, élu par ses hommes est

Alexandre Simon Denoireterre, fils d'Augustin, 22 ans, Jean Muzard est lieutenant. Les hommes au nombre de 18 sont des manœuvres, des artisans et habitent le bourg en grande partie. Un seul d'entre eux. Charles Bullet, sait signer.

Ils étaient sans doute armés de fusils de chasse mais insuffisamment, car ce n'est que le 7 août 1791 que Alexandre-Simon Denoireterre va à Cosne et en rapporte six fusils.

En 1790, on aurait trouvé deux cents gardes nationaux si cela avait été nécessaire. En Septembre 1809 quand il s'est agi de reconstituer la garde nationale départementale, aucun volontaire ne s'est présenté, il a fallu tirer 6 noms au sort.

Il fallait moins de 19 ans pour se lasser de jouer au soldat.

Le treize juin 1790, le procureur communal requiert le Conseil Général assemblé de nommer deux « gardes-messiers » à l'effet de « veiller aux emblures (emblavures), »qui tous les ans » prouvent des dommages considérables » mais il se heurte à un refus.

Qu'on les comprenne. Ces notables sont des paysans qui à deux heures du matin, l'été, mènent paître leurs chevaux aux champs, généralement dans le champ du voisin. Pour eux, un garde est non seulement coûteux, mais gênant.

Conservateurs fidèles des mœurs du passé, ils ont peut-être gardé, avec leurs supersitions païennes, en les camouflant des principes du jour, les habitudes du temps où la terre était commune aux hommes du même clan.

Ils repoussèrent cette charge et cette gêne; autorisant toutefois Denis Rosets, dit « La Rosée », garde des bois et pacages de la section du bourg et de Villerot d'exercer les fonctions de garde-messier pour le compte des propriétaires qui le demanderaient et lui donneront une rétribution convenable, à charge par lui de prêter le serment de remplir les dites garderies en son âme et conscience.

La Rentrée des Impôts sous la Révolution

Les textes qui viennent de la Commission Intermédiaire du Berry ou du district disent assez la gravité de la situation générale. Ce sont d'abord les textes et affiches se rapportant à la contribution patriotique demandée par Mirabeau et qui avait été fixée au quart du revenu.

Ce sont les rôles d'impôts pour 1790 à percevoir.

Ce sont les déclarations de biens-fonds écclésiastiques.

La situation particulière de la commune n'est guère meilleure.

La moitié de la population mendie et s'apprête à mal recevoir les collecteurs. La Municipalité montre beaucoup d'activité.

En mars, Guillien, huissier aux tailles, fait remettre aux municipaux par l'intermédiaire du procureur Denoireterre, les commissions pour le rôle de supplément des ci-devant privilégiés pour les derniers mois de 1789 et pour l'assiette des impôts de 1790, des instructions, des modèles de rôle et le rôle pour le prélèvement des vingtièmes.

L'établissement des rôles a du prendre du temps car ce n'est que le 11 juillet que Pierre Liger, accepte, à son tour, la charge de collecteur des impôts pour 1790. Ce même jour, le rôle supplémentaire des ci-devant seigneurs pour les six derniers mois de 1789 est remis à Verain Roblin, collecteur pour 1789, lequel, acceptant déclare ne savoir signer.

Le même jour, Roussel, premier officier municipal publie le rôle de la manière accoutumée, à la sortie de la messe, monté sur le banc de pierre qui se trouvait près de la porte. Sa publication, interrompue à la sortie de la messe du matin par des propos séditieux n'est pas mieux reçue à la sortie des vêpres. La foule, haranguée par Etienne Mabilat, marchand de tabac, cabaretier et bras droit du curé Le Rasle, crie : « *Assemblons-nous et sois notre chef* ! » Une nommée Catherine Bain, femme Charonnat passe même son couteau sous la gorge de Roussel.

Procès-verbal s'ensuivra dont l'assemblée administrative au district connaitra.

La distribution de pain faite aux pauvres le 13 juin précédent n'avait pas, comme on voit, calmé les esprits.

Le 19 septembre, le district réclame l'arriéré des impôts de 1789. Il est décidé alors que le sieur Guillien « chef de garnison actuellement en ce lieu » fera avec les collecteurs, avec le préposé au vingtième pour l''année 1790 et même avec le collecteur des chemins, des tournées nécessaires à l'effet de contraindre les redevables. Les frais furent taxés deux livres par jour.

Ces collecteurs d'impôts qui se promènent en groupe en s'adjoignant un ancien militaire moustachu et haut en voix pour en imposer nous fournissent bien un tableau d'ancien régime.

On notera que c'est le 11 juillet que Roussel a pu constater un commencement de sédition, et le 7 août que le fils Denoireterre rapporte six fusils de Cosne.

Les séditieux du 11 juillet prétextaient de l'injustice qui avait présidé à la fixation des cotes du rôle de Roussel en particulier, lequel payait moins d'impôts que le curé Le Rasle. On peut croire que les collecteurs imposaient au petit bonheur. Roussel, par ailleurs, quoique animé de l'esprit nouveau n'aimait pas beaucoup payer l'impôt ; mais le curé Le Rasle monteur du petit complot, l'aimait encore moins comme on le verra aussi.

Les esprits restèrent excités le reste de l'année et lorsque Denoireterre Augustin eut résilié le 17 août sa fonction de procureur ne gardant que ses fonctions d'administrateur du district. Ce fut Mabilat Etienne qui devint procureur.

A l'occasion de l'assemblée des électeurs prévenus par Gouthière pour le 29, la Municipalité, quoique ayant le garde nationale sous la main demanda un commissaire au district.

En 1791, il est décidé, que le recouvrement des impôts sera mis en adjudication, ce qui s'opère le 27 Décembre. Jean Gouthière, huissier aux Barbezans se voit attribuer la charge et la qualité de receveur du montant du rôle pour la somme de 39 livres. Son voisin et ami, Martin Foing se porte caution pour lui.

Ses opérations terminées, il remet le 9 Mai 1792, à Denoireterre, receveur des contributions la somme de 2951 livres payées sur le rôle de 1791, lequel remet à la Municipalité, les 39 livres qui paieront (bien faiblement) Gouthière de sa peine.

L'adjudication du 2 février 1793 fut plus chaude. Louis Barbier disputa aprement à Denoireterre le recouvrement des impôts. Ce dernier ne les obtint qu'à des prix dérisoires: 27 livres pour le recouvrement du foncier, 3 deniers pour livre pour la mobilière et deux deniers pour livre pour la patente.

Le 3 février 1793, la Municipalité fixe pour la première fois le budget des charges locales, lesquelles montèrent à 360 francs (locaux, papiers, traitement, lumière).

Le retard dans le paiement des impôts était un fait accoutumé. En mai 1794, la municipalité ordonne de payer les impôts en retard et Denoireterre, en septembre même année assure en présentant ses rôles qu'il reste 360 livres d'arriéré 1791 et 1462 livres d'arriéré 1793. Il a pourtant été demandé moins puisque le foncier 1793 n'a été perçu qu'aux deux tiers du rôle 1792. Ce qui rapporta toutefois 4352 livres et 10 sous.

En janvier 1795 le percepteur est invité à faire rentrer les impôts sans aucun délai à ce qui était bien impossible.

Cette année 1795 a vu la chute du maire Vaudry, ancien curé constitutionnel et l'avènement à la mairie de Etienne Mabilat, son adversaire, celui qui en 1790 ameutait le peuple contre les impôts mais qui, en septembre 1795, invite les commerçants à se faire inscrire sans faute sur le registre des patentes.

En 1796, les rentrées se font encore plus mal. La France est à bout d'effort, Bonaparte porte la guerre en Italie.

Biens- fonds et bénéfices éclesiastiques

Pour satisfaire aux exigences de la loi concernant les biens-fonds écclésiastiques, la Municipalité le 28 Mai 1790 décide que les propriétaires seront invités par cri public à venir faire leurs déclarations à la mairie.

Le 7 Avril envoi est fait sous forme de copie des quatre déclarations : du Prieuré de Saint-Verain, de la Cure, de la Fabrique et de l'Abbaye de Roches à « nos seigneurs de l'Assemblée nationale, à Paris . »

Le Prieuré de Saint-Verain, collégiale régulière de l'Abbaye de Saint-Maur, déclare posséder sur Alligny 27 arpents de terre, 5 arpents de pâture et 2 arpents de pré donnant un revenu de 700 fr. au prieur Anne-René Baraillon, demeurant à Chambon en Combrailles, et affermé 498 fr. à Chenal, maire.

Ces très bonnes terres et très bons prés furent vendus à Cosne les 6 et 10 Juin 1791 et acquis en partie par des opposants comme Fauveau de Frémilly qui agrandit son pré de Berry, de 2 ha, par Léger Lemoine, acquéreur du pré Grégepis et d'autres bonnes parcelles.

La Cure. — Il est déclaré par Le Rasle, curé, comme biens dépendant de la cure, 67 bosselées de très bonnes terres, un peu moins de 2 ha de pré et 28 journées de vigne (84 ares).

Vaudry, le prêtre constitutionnel qui va succéder à Le Rasle se rend acquéreur de vignes et d'un pré le côtoyant. Roussel, dans de mêmes conditions achète 43 bosselées de très bonnes terres.

La cure accuse encore le bénéfice de la même et verdixme, de la dixme d'agneaux et de chanvre sur toute la paroise, de la dixme en blé et en vin sur le canton du Rein du Bois (Villerol) sur le tout et sur le canton de Vauzème pour la moitié.

A cela, il faut ajouter le produit des anciennes novales soit 32 boisseaux de froment, 26 d'orge et 18 d'avoine, hormis quelques boisseaux laissés à Barbier, fermier, pour 1600 livres des terres et des dixmes.

Il m'a paru intéressant de connaître le détail de ces dixmes incluses dans cet affermage global de 1600 livres.

La dixme prélevée sur Vauzème montent sur le froment seulement à 21 douzaines de gerbes dont la moitié était due au curé par Roussel, le seigneur de Vauzème. A cette moitié s'ajoutait la dixme prélevée sur les propres terres de Roussel et évaluée 4 douzaines et 2 gerbes.

De cette totalité de 21 douzaines de gerbes la part du curé était de 14 douzaines et 10 gerbes et celle de Roussel de 6 douzaines et 10 gerbes desquelles 6 douz. 10 gerbes furent évaluées au rendement de un boisseau la gerbe pour la somme de 149 livres 18 sous 10 deniers. La part du curé, au même taux valait 300 livres.

Mais la dixme sur le froment n'était qu'une partie de la dixme de Vauzème. Il y avait encore la dixme sur la fromentée (blé, et orge mélangés) sur l'orge, sur l'avoine, la paille et le vin.

La dixme prélevée par Roussel et déclarée par lui sans objection de quiconque montant à 471 livres 10 sous 2 deniers et celle du curé calculées d'après les indications de Roussel Augustin lui-même montait à 968 fr. se décomposant ainsi : 300 fr. sur le blé ; 68 fr. sur l'orge ; 120 fr. sur l'avoine ; 210 sur la fromentée ; 110 fr. sur la paille et 150 fr. sur le vin. (Délibération du Conseil Général du 30 Juin 1791).

En fait le curé bénéficiait donc des 3/4 au moins de la dixme sur Vauzème ce qui explique suffisamment l'anticléricalisme des Roussel.

La dixme prélevée sur le Rein du Bois (Villerot) qui ne se composait que de 12 familles dont les enfants mendiaient les trois quarts de l'année, devait sembler bien lourde ; le détail ne nous en est pas connu. Pas plus que celui qui se rapporte à la dixme sur les agneaux. La dixme sur le chanvre a dû être prélevée à la poignée et non au poids. (La poignée était la masse de chanvre qu'un cardeur pouvait tenir en main dans son travail).

Lors du recensement du chanvre pour l'usage des arsenaux de la marine le 5 Nivôse en 14, l'évaluation fut faite en livres et donna 218 livres de chanvre brut et 174 livres de chanvre broyé.

Nous n'avons point de détail non plus sur ces menues et vertes dixmes, probablement fruits, foin et légumes.

Il est à remarquer que la dixme prélevée par la cure se comptait au treizième alors que celle prélevée par le prieuré de Saint-Verain ne se comptait qu'au quinzième.

Le curé a, bien entendu, la jouissance du presbytère, du potager et du jardin attenants.

Abaye de Rodus. — Mercy, prieur de l'Abbaye de Rodus, près Myennes, déclare 61 arpents de terre (30 ha 50) 2 arpents 1/2 de bois, 12 arpents de pré sur Alligny. Outre cela, une dixme dite d'Insèches se percevant à la treizième « dont les objets font partie du bail général du sieur Le Rasle Anselme », marchand de bois à Cosne, fermier des biens de l'abbaye depuis le 6 Mai 1784, frère du curé Le Rasle d'Alligny.

L'abbaye de Rodus était de l'ordre de liteaux.

Les biens et revenus de la Fabrique se composaient de 64 boisselées de terre, 6 boisselées de pré, le tout affermé 186 livres.

Outre cela deux rentes en blé rapportant de 12 à 13 livres, treize rentes en argent rapportant 62 livres 5 sous 8 deniers, une hypothèque sur l'Hôtel de ville de Paris rapportant 80 livres par an. Et une hypothèque sur la seigneurie d'Alligny montant à 100 livres, fondée au bénéfice des pauvres le 27 Décembre 1757 par la dame Gillot, veuve du marquis de Courson, avocat au Parlement et seigneur d'Alligny.

Le Prieuré de Donzy-le-Pré appartenait à l'ordre de Clunny, dont je n'ai pas trouvé trace de déclaration possédait sur Alligny 21 bosselées de terre et 76 ares de pré rapportant 70 livres 8 sols.

La Commanderie de Villemoison. — possédait sur Alligny 5 arpents de terre et environ 5 arpents de pré.

Tous ces biens furent vendus aux enchères à Cosne, de 1791 à 1796. Entre temps, la municipalité de Cosne avait, le 27 Juin 1790 fait une soummission pour acquérir des biens nationaux dépendant de l'abbaye de Rodus et situés sur Alligny.

Le six Juin elle obtenait son décret d'aliénation sanctionné le 6 octobre suivant, sans qu'aucune notification en soit faite à la municipalité d'Alligny, ce qui aurait pu assurer à la municipalité de Cosne le bénéfice du seizième du prix de l'adjudication des biens situés sur la commune d'Alligny.

Mais quelqu'un veillait. Le 6 mai 1792 ce quelqu'un qui n'est pas nommé au procès verbal, prit la parole à la réunion du Conseil Général de la commune, en ces termes :

«... Vous ne pouvez pas ignorer que la Municipalité de Cosne, a, le vingt-sept Juin 1790 fait une soumission pour acquérir des biens nationaux dans laquelle est comprise plusieurs héritages situés dans notre territoire, savoir, les terres ci-après : la Pointe du Suchet, Reuilledives... Le six Juin, elle a obtenu son décret d'aliénation sanctionné le 6 octobre suivant et ce n'est qu'aux papiers publics que nous devons la connaissance de ce décret, quoique les lettres patentes du roi du 17 Mai 1790 sur décret de l'Assemblée Nationale du 14 Mai, imposassent l'obligation de le notifier et même de tirer de nous, un reçu de cette notification.

Le motif de ce silence de la part de la Municipalité de Cosne n'est pas Messieurs une énigme ; il se trouve dans les dispositions mêmes des dites lettres patentes du 17 Juin. Elles portent que toute municipalité pourra se faire subroger pour les biens situés sur son territoire à la municipalité qui les aura acquis, et elles donnent un mois à dater du jour de la notification du décret d'aliénation, de la part de la municipalité aliénatrice pour former sa demande en subrogation.

La municipalité de Cosne ne peut, messieurs, ignorer les dispositions de ces lettres patentes ; elle cherche par un silence frauduleux, qu'elle espère que nous n'interromprons pas, à s'assurer le bénéfice du seizième du prix de l'adjudication des biens nationaux situés sur notre territoire et qui se trouvent compris dans le décret d'aliénation qu'elle a obtenu le six Juin.

Il est d'après cela très certain que jamais la Municipalité de Cosne ne nous signifiera son décret d'aliénation ; il est certain aussi que si nous restons dans l'inaction nous perdrons le bénéfice que nous accorde la loi. Mais, Messieurs ne devrons non pas prévenir à cet égard la Municipalité de Cosne, aller en avant, et réveiller cet assoupissement affecté de sa part. Ne trahirions nous pas le serment que nous avons prêté lorsque, honoré de la confiance de nos concitoyens, nous avons juré de remplir avec zèle les fonctions honorables qu'ils nous ont confiées. Ne compromettons nous pas les intérêts de la Commune qu'elle a déposés entre nos mains si nous tardions davantage à prendre les mesures les plus promptes et les plus sûres pour la faire jouir d'un bien qu'il ne dépend que de nous de lui procurer.

Assez et trop longtemps nous avons attendu de la part de la Municipalité de Cosne l'exécution de la loi, je demande messieurs que l'Assemblée veuille bien prendre cet objet en considération et s'en occupe utilement sur le champ.. »

La matière étant mise en délibération et le Procureur oui l'Assemblée décide de faire la demande de subrogation.

J'ai cité ce passage caractéristique d'un homme qui fut, à n'en pas douter, Augustin Denoireterre, le seul qui, avec son fils Alexandre Simon, Alexis Roussel et Vaudry aient signé au registre. Or, le fils Denoireterre n'avait que 23 ans, Roussel Alexis avait un autre genre d'éloquence et Vaudry n'avait rien d'un jurisconsulte.

Ce morceau permet de voir dans quelles mains la sort des idées nouvelles était placé à Alligny ; l'ascendant que les bourgeois exercaient sur le peuple qui se sentait porté par eux, avec quelle force ,du rôle terne de sujet à celui de citoyen.

Le conflit municipalité - Le Rasles

La réaction des bénéficiaires écclésiastiques vis à vis des mesures révolutionnaires nous est moins connue que celle du clergé. Celle du curé Le Rasle en particulier est inscrite tout au long du registre des délibérations.

Le curé Le Rasle, installé à Alligny depuis 1777 où il avait succédé à Eymart, était né à Cosne en 1744, (il avait donc 46 ans en 1790), d'une riche famille bourgeoise. « Son père fut fermier des biens de l'évêché d'Auxerre et fabricien de la paroisse Saint Jacques. Il eut un oncle et un frère chanoines. Un autre de ses frères fut fermier d'une partie des biens de l'abbaye de Roches » (Paul Cornu).

Voilà un homme qui était, si on peut dire « dans le pourcentage ». Les dixmes avaient fait de lui quelqu'un pouvant les apprécier. Ses 1850 livres de revenus déclarés représentaient bien des douceurs à une époque où les journaliers gagnaient dix sous par jour et où le boisseau de blé valait 1 fr. 80.

Son vicaire ne lui coûtait certes pas ce que le casuel lui rapportait car les habitudes religieuses étaient bien fixées. 58 baptêmes en 1789, 14 mariages, 37 décès, cela représente encore 37 servi-
dernier des huit fut Hurel, qui était en
ces de huitaine, 37 services du « bout
de l'an » et des messes pour le repos
vicaires en onze ans, ce qui arriva. Le
de l'âme des défunts à rebuter huit

même temps chapelain de Saint-Loup et titulaire d'une chapelle sans bénéfice à Ouanne (Yonne).

Dans sa lutte contre les innovations et en particulier contre la municipalité le curé Le Rasle eut comme bras droit Etienne Mabilat.

Ce personnage était issu d'une famille du bourg dont l'héritage se composait de quelques champs et prés, d'une maison entourée d'aisances assez grande et de bons jardins. Dans sa jeunesse il avait été domestique chez Louis Trottier de Villerot, lequel était marchand bâtier c'est-à-dire qu'il faisait le commerce de grains en se servant d'une douzaine d'ânes munis de bâts, les chemins impraticables nécessitent ce mode de transport.

A l'âge de dix-huit ans, il séduisit la fille de son maitre et eut d'elle une fille qu'il ondoya lui-même « en danger pressant » dit le registre. En août 1781, quelques mois après, il régularisa sa situation par le mariage.

Il était apparenté par sa sœur aux Barbier dont l'un d'entre eux était fermier des biens de la cure, famille dévouée aux intérêts des Fauveau de Frémilly dont ils étaient voisins. Son oncle Etienne-François Foing était procureur fabricien, qui laissera plus tard la charge à un fils du même nom. Il était apparenté de très près aux familles Hurtaud, Rollet, Brisset qui seront aussi des opposants violents aux idées nouvelles. Cette Catherine Bain qui passa son couteau sous la gorge de Roussel était domestique chez Rollet, cabaretier dont la maison était, au levant voisine de l'Eglise.

Ce fut lui qui, avec Alexandre Foing, fils alla à Nevers avec le curé Le Rasle, pour l'élection des députés du clergé.

Ses intérêts matériels comme ses relations de famille faisaient donc de lui un homme attaché à l'ancien régime qu'il défendit de toutes ses forces mais par des moyens sinueux.

Au privé, en dépit de revers de famille (il eut quinze enfants dont un seul survécut) ses affaires furent assez prospères. A 34 ans, il était cabaretier et marchand de tabac dans la maison qui fait le coin à l'ouest de la place de l'église.

Il semble, au point de vue caractère, que pour justifier son nom de famille il se fût efforcé d'être amer, fielleux et vindicatif sans mesure.

Ce fut lui qui monta la petite sédition du 11 juillet, qui échoua par la prudence de Roussel, mais ce ne fut pas sa faute s'il n'y eut point de sang versé.

A la faveur de l'opposition aux impôts nouveaux (les révolutions ne payent pas comptant) il fut nommé procureur communal en remplacement de Denoireterre Augustin, démissionnaire dans l'élection très mouvementée du 29 août 1790.

A partir de cette époque, il s'en donna à cœur joie dans ses fonctions répressives, mais, dans son rôle politique, fut contenu par Roussel Alexis, Denoireterre et Chenal, qui le subissent comme collègue, mais le stigmatisent à toute occasion.

La lutte entre Le Rasle et la Municipalité commença par le refus du curé de publier les décrets en chaire. Son refus n'était pas catégorique ; quelquefois, il en lisait, mais pas tous.

Pour qu'il ne fût point arguer de ne les avoir point reçus, la Municipalité décide le 16 avril 1790 que Roussel Alexis et Jacques Normand remettront les décrets à publier au curé contre reçu, ce qu'ils firent.

Le curé dut obtempérer quelque temps car aucun procès-verbal n'est constaté à ce sujet. La fête du 14 Juillet lui fournit l'occasion d'une résistance plus marquée. Le onze juillet, le jour même de la sédition où Roussel fut pressé et menacé si fort la Municipalité se transporta chez le curé pour lui demander de célébrer la messe du 14 à 10 h. 30, au lieu de 6 heures du matin. Il était dans les intentions de la Municipalité de voir le curé s'associer à elle pour faire du 14 juillet un jour de fête religieuse et civique.

Mais le curé refusa d' « acquiescer au vœu de tous les citoyens » comme on l'espérait et assura que la messe serait dite à l'heure habituelle « nonobstant toutes réclamations quelconques » ce qui eut lieu.

Roussel, premier officier municipal, en l'absence de Chenal et de Jacques Normand lesquels étaient à Nevers comme électeurs pour la formation du département de la Nièvre, rédigea un procès-verbal qui est un fort bon morceau d'éloquence.

« Comme cet exemple, dit-il, est de la plus dangereuse conséquence et qu'il ne peut être permis à personne dans une solennité si dûment agréable de glisser ses petites passions, de prétendues bluettes de conscience et les raisons infiniment versatiles de sancté pour chicaner sur la proclamation de la loy, ayant même reçu sur cet objet une injonction formelle de la Municipalité sur le réquisitoire de M. le Procureur de la Commune. Nous officiers Municipaux, justement indignés de cette indifférence du sieur curé de se prêter au vœu de tous les citoyens pour célébrer l'office à l'heure indiquée comme étant la plus commode pour le concours de tout le public et la rénovation du serment, avons dressé le présent procès-verbal pour être présenté au district réuni à l'effet de le supplier de prendre connaissance de la cause et d'enjoindre s'il lui plait au dit sieur curé de faire taire la voix de ses petits scrupules, pour remplir dorénavant sur l'exactitude d'un pasteur moins chatouilleux sur le fait de la nouvelle constitution les devoirs d'un bon citoyen qui intéresse la religion dans l'amour des lois, la complaisance pour la municipalité qui en revendique l'exécution, enfin se croit être dans la voie du salut quand il lit de cœur les décrets émanés de l'Assemblée Nationale, les suit les fait aimer les développe en forme d'instruction, ce qui dans tous les cas est préférable à un mauvais sermon. » Ont signé au registre: Godon, greffier; Roussel, Roblin, Baron.

Au 15 août suivant, nouvelle prise de bec entre Roussel et Le Rasle. Ce jour-là, la Municipalité qui s'obstinait à associer les fêtes religieuses à sa propre existence, s'étant rendue en corps à l'église et installée dans le chœur sur des chaises placées par ses soins. Le curé fit observer à Roussel que nul décret n'autorisait le fait: « le tout sans conséquence » ajoute-t-il. « Le tout avec conséquence » riposte Roussel qui signale au district la conduite anticonstitutionnelle du curé Le Rasle et trouve dans « cette apostrophe essuyée... de la part du sieur curé, une preuve confirmative de la haine et animosité qu'il a toujours portée à la Municipalité depuis son organisation et à laquelle il est absolument contraire ». Il lui reproche encore de se faire encenser, ce que défendent les décrets.

Les élections tumultueuses du 29 avril 1790 qui nécessitent un piquet de gardes nationales et la présence d'un commissaire du district font entracte dans l'évolution du conflit; mais la lutte reprend aussitôt.

Etienne Mabilat, pour avoir bien travaillé la population, se voit attribuer la fonction de procureur. Maintenant le curé a quelqu'un dans la place.

Le 31 août, à la séance des municipaux, Roussel fait observer que l'exécution des lois est impossible si leur publication n'est pas faite régulièrement, ce qui arrive trop souvent.

Etienne Mabilat fournit des excuses pour le curé, ce qui n'est guère dans son rôle de procureur, prétextant même de sa santé,. A quoi répond Roussel, que la santé du curé ne l'empêche pas de faire de longs prônes. Lemoine Léger, un notable, ami politique de Le Rasle et de Mabilat prend la peine d'accuser les municipaux de n'agir que « par pic et vengeance ». La Municipalité passe outre et signale au district la conduite du curé.

Le 6 septembre le district notifie au curé de ne plus se faire offrir l'encens ni d'apporter du trouble. Ce qui n'empêche pas au curé de récidiver le 8 suivant.

Mabilat qui omet sans façon de notifier au curé les décisions du district a dû s'apercevoir que le jeu peut devenir dangereux pour lui car le 19 septembre, c'est lui-même qui signale à la Municipalité la non lecture de décrets par le curé. Procès-verbal est à nouveau envoyé au district.

Des séances de simple police occupent ensuite les dimanches des municipaux. Entre temps ils font leurs vendanges.

Mais les 3 et 4 octobre, un incident

comique surgit qui prouve que l'accord n'est pas fait.

Ce jour-là les gens d'Alligny eurent la surprise d'entendre sonner les trois angelus en grande volée et même le second coup de la messe. Interrogé par Alexandre Foing, procureur fabricien qui signale le fait. Jacques-Thomas Bullet, bedeau-sonneur répond qu'il avait sonné pour la fête de Saint-François, patron du curé Le Rasle et qu'il en avait demandé la permission au procureur Etienne Mabilat. Celui-ci assura qu'en effet il avait donné cette permission et prétend en avoir le droit. Le district connut de cette histoire qui n'eût pas d'autres conséquences qu'un réglement des sonneries de cloches. Le curé Le Rasle eut bientôt une occasion plus sensationnelle de montrer son opposition. L'Assemblée Nationale dans sa loi du 26 Décembre 1790 exigea le serment civique des prêtres, mesure qui, par la suite lui causa bien des soucis. Un arrêté du district de Cosne avertit les municipaux que MM. Chenou et Moreau membres du dit directoire ont été nommés à l'effet « de seavoir du curé Le Rasle, curé de cette paroisse, s'il a prêté le serment prescrit et, s'il ne l'a pas presté, assister à sa prestation. »

Quelque temps auparavant le 2 janvier un registre avait disparu à l'église, de dessus le banc-d'œuvre « Volé », dit le curé, « par Roussel » renchérit Martin Foing des Barbezans, un nouvel élu des élections de fin d'année. Le Rasle et Martin Foing devront faire la preuve de leur affirmation.

Le dimanche 13 février, pour quelques armoiries enlevées d'après son confessionnal, par des ouvriers commandés par Roussel, le curé dans un sermon furieux vitupère contre ceux qui ont enlevé ce qu'il nomme une couronne, manquant ainsi « de respect pour la religion ». « Ensuite, prêchant sur la foy, il a voulu faire voir qu'elle était attaquée, que ce n'était que des impudiques, des libertins, des ivrognes, des brigands, des gens sans religion qui voulaient l'attaquer et la gouverner ; que les églises étaient actuellement profanées, qu'elles étaient devenues des tavernes de voleurs. »

Après, « parlant du respect dû aux Ministres des églises à qui Jésus-Christ avait confié le pouvoir de les gouverner, il dit : Ecoutez-bien, je parle des pasteurs légitimes parce que, suivant ce qu'on ne cesse de publier, les prêtres qui ont prêté le serment ne sont point des pasteurs légitimes. »

Cette fois, la mesure était comble et le curé Le Rasle, en allant au devant des palmes du martyre, satisfait fort ses adversaires.

Roussel saisit le registre d'abord, le district ensuite, de l'important fait nouveau. Il assure qu'en dénaturant l'action opérée dans l'église pour pouvoir la dénoncer comme un attentat à la religion, le curé « a voulu satisfaire sa folle passion aristocrate en cherchant à souffler le feu de la division dans l'idée des citoyens qu'il cherche depuis longtemps à égarer et auquel il veut communiquer son venin contre-révolutionnaire et leur inspirer la haine qu'il a pour notre bienheureuse révolution. »

Et il ajoute : « comme la conduite que tient le dit sieur Le Rasle dans cette communauté peut occasionner une grande division entre nos habitants et même une insurrection, ce qui est d'autant plus à craindre qu'il a refusé de prêter le serment prescrit par le décret de l'Assemblée Nationale pour les ecclésiastiques fonctionnaires... »

MM. du district furent invités à « prendre les mesures convenables pour prévenir les suites que pourraient avoir les discours incendiaires et inconstitutionnels que répand journellement le dit sieur curé. » Le district ne resta pas insensible au rapport de Roussel et s'étonna à bon droit de l'inaction du procureur communal Etienne Mabilat. Aussi rendit-il un arrêté le 18 février par lequel Mabilat « sera invité de se rendre au bureau du directoire le lundy vingt huit du courant pour s'expliquer sur les faits contenus au procès verbal. »

La Municipalité décide que le dit arrêté sera lu, publié, affiché dans le bourg d'Alligny, à la diligence du second officier municipal, chargé de remplacer en cette partie le procureur communal.

La victoire était double. Le Rasle fut révoqué et à sa place fut nommé Vaudry Jean-Baptiste, curé de Saint-Père, lequel annonçait son arrivée pour le 8 avril, allant au devant de destins imprévus.

La contribution patriotique

La contribution patriotique ressemble assez à la boxe civique imposée aux Français d'après-guerre. C'était un impôt extraordinaire destiné à parer aux dangers d'une banqueroute possible, à remédier à l'état désastreux dans lequel la royauté avait mis les finances du pays.

La Municipalité était en possession des textes et affiches la concernant dès janvier 1790.

S'ajoutant aux impôts déjà lourds, dont beaucoup de 1789 n'étaient pas encore payés, on comprend que la population se soit émue et ait protesté violemment à la connaissance de la carte à payer.

Le 29 novembre 1790, le Conseil Général de la Commune assemblé sur l'invitation du directoire de Cosne à l'effet de vérifier les cotes du rôle de cette contribution, ne revise que quelques cotes, et lève la séance « vu les difficultés qui se sont élevées pour toutes les cotes du rôle » et demande un commissaire pour assister à la vérification.

Les deux seules cotes revisées à cette séance furent celles de Roblin Louis, de Parigny, qui ne s'était imposé que de 3 livres alors que son bien lui rapportait plus de 400. Il fut imposé à 24 livres.

Roussel Alexis, officier Municipal, s'étant imposé à 60 livres alors que son revenu était évalué 1200 fut imposé d'office à la somme de 300 livres « dont notification lui sera faite ».

Le commissaire demandé ne se fit pas attendre beaucoup. Le 29 novembre 1790 une nouvelle assemblée de notables et municipaux eut lieu, où était présent le sieur Guillaume Baudet administrateur du district.

Sieur Alexis Roussel déclare pour son frère une contribution de 140 livres, mais le revenu de son bien étant évalué 860 livres, sa contribution est fixée d'office à 215 livres, soit le quart légal.

La déclaration de revenus de Le Rasle, curé, faite le 18 Juin, portait une contribution de 36 livres. A l'appel du nom, Etienne Mabilat, qui était absent jusque là surgit opportunément. L'affaire particulière du sieur Le Rasle étant étudiée, il en résulte que son revenu monte à 1850 livres et se voit taxer à 462 livres dix sols, en dépit de Mabilat, qu'il sera tenu de verser en trois termes égaux.

Edme Chenal, maire, a déclaré une contribution patriotique de 72 l. Comme il ne possède pas 400 l. de revenu net, l'assemblée laisse sa cote « ainsy qu'il la faitte »

Verain Baron voit sa contribution passer de 12 l. à 100 l. pour un revenu de 500 l. François Barbier paiera 100 l. au lieu de 72 pour un revenu de 500 l. Léger Lemoine paiera 120 l. au lieu de 50 pour un revenu de 520 l. Augustin Demoireterre voit sa contribution apposée à 96 l. La cote de Louis Roblin, fixée précédemment à 24 l. est fixée à 50 l. Les vérifications seront notifiées aux intéressés dans le délai de 8 jours.

Ceux qui ne savaient point écrire n'ont point protesté autrement que par paroles, mais quelques notables, Le Rasle, Vrain, Baron et Lemoine envoyèrent des mémoires protestatifs. La Municipalité renvoya Le Rasle et Vrain Baron devant le directoire du district. Tant qu'à Léger Lemoine, officier municipal, cependant, mais de l'opposition de droite, pressé de répondre à son mémoire « vu la démence, le défaut de calcul et les inconséquences qui sont notoires au dit mémoire. »

Roussel Alexis, qui a envoyé aussi un mémoire au district pour demander pareillement réduction de sa contribution se voit obligé de fournir « aux administrateurs les reçus des rentes que paye son bien, lesquels feront tel droit qu'ils jugeront à propos ». Finalement le rôle de la contribution patriotique fut mise en recouvrement le 23 janvier 1791 avec bons soins de Pierre Liger, collecteur de 1790, charron au bourg et meunier au Moulin à Vent.

Etablissements des Etats de Section

L'établissement de l'impôt foncier laissant trop de place à l'arbitraire, l'assemblée Nationale avait ordonné la confection dans chaque commune d'un état de la propriété foncière (loi du 1er Décembre 1790).

La Municipalité, dans sa séance du 27 janvier 1791 s'occupe de cette question et opère la division de la commune en six sections, autant que d'officiers municipaux, chacun d'eux étant commissaire pour sa section.

Le 3 février 1791 trois autres commissaires sont adjoints à chacun des commissaires déjà nommés.

La démission de Roussel Alexis comme officier municipal et commissaire a pu avoir pour cause l'appui insuffisant donné à sa réclamation concernant sa contribution patriotique. Jean Naud, le remplacera, étant le plus haut en voix après lui.

Le 27 Mars, les contribuables sont informés que les états sont au greffe à l'effet de recevoir leurs déclarations respectives.

Les commissaires firent de leur mieux mais les contribuables ne se gênèrent pas pour faire des déclarations de surface inférieures à la réalité, tant et si bien que plusieurs municipaux, rebutés, démissionnent en août.

Le 30 Décembre 1791, le Conseil Général assemblé pour « délibérer aux moyens préparatoires de la matrice du rôle de la Commune, considérant que les commissaires nommés dans les assemblées du 27 janvier et du 3 février 1791 n'ont pas tous fini le travail dont ils s'étaient chargés et que plusieurs ont erré dans ce même travail », arrête de recommencer le travail et de nommer d'autres commissaires.

Ce fut là un des premiers actes de la nouvelle municipalité élue fin novembre 1791 et qui avait mis en place MM. Jacques Normand, de Villerot, maire, Jean Milleron, Martin Foing, Verain Roblin, Vrain Baron, Etienne- François Foing, officiers municipaux.

Parmi les commissaires, on note, outre les municipaux, les indispensables Simon-Alexandre Denoireterre, J.-B. Vaudry, curé, Roussel Alexis qui ne boude plus et Augustin Denoireterre, le père, notables. Le 19 mars, la Municipalité est appelée à donner une valeur à chaque catégorie de terre, et la fixe ainsi :

Terres labourables suivant la qualité : 20 sous, 15 sous, 10 sous et 5 sous la boisselée.

Les patureaux, 5 sous la boisselée.

Les vignes, 2 livres, 1 livre 5 et 1 livre la « journée » (3 ares.)

Les prés 40 livres l'arpent (50 ares) 25 livres et 15 livres.

Les bois, 4 livres l'arpent, 3 livres et 2 livres.

On a vu collaborer à ce travail des plus sérieux des officiers municipaux, comme Lemoine Léger, un opposant au régime nouveau, qui avait beaucoup de raison de se plaindre de ses adversaires politiques, mais qui comprend l'importance d'un tel travail pour établir la justice dans l'impôt, une des tâches de la Révolution.

Etienne Mabilat ne juge pas les choses ainsi car il va ennuyer les commissaires, de questions insidieuses, voire même insolentes de telle sorte qu'il se voit mettre à la porte par Vaudry, curé, chez qui les commissaires travaillent pour leur commodité plus grande.

Vexé du fait qu'il a provoqué par sa grossiéreté, il écrit au district la lettre suivante :

« Messieurs, je vous préviens que vous « avez envoyé deux commissaires pour « faire les affaires de notre paroisse et « pour donner la lumière aux aveugles : « ces messieurs nous ont priés à aller « voir les sections pour voir si les « commissaires n'avaient pas mis quel« ques boisselées qu'on en avait (sic) « tout cela devait se faire dans la cham« bre commune ; mais je ne sais pour« quoi que tout cela se tient dans la « chambre de M. l'abbé j'ai voulu al« ler voir ces messieurs pour prendre « communication et voir si on ne m'a« vait mis quelques boisselées de terre « de plus ou de moins quand je suis « été entré dans la chambre, le sieur « Vaudry curé de la paroisse a com« mencé par m'insulter me disant que je « n'avais qu'à sortir de chez lui ou si « je ne sortais pas bien vite de chez lui,

« qu'il prendrait une gaule pour me gau-
« ler ; mais je suis été plus prudent que
« lui, je ne lui ai rien répond, j'ai
« mieux voulu sortir à l'instant et vous
« faire part de ce fait qui m'a arrivé
« c'est pourquoi je vous écrit pour que
« les affaires se tienne dans la chambre
« commune et que nous payons tous et
« que tout le monde il serait plus libre,
« si les tailles ne sont pas bien faittes
« on pourrait bien se plaindre et sy
« s'était à la chambre commune tout
« le monde il serait plus libre mais pour
« aller chez le sieur Vaudry, il y en
« a beaucoup après avoir vu ce quq
« m'a fait qu'ils ne voudront point y al-
« ler. C'est pourquoy je prie messieurs
« d'avoir la bonté pour notre paroisse
« d'écrire à ces messieurs les commis-
« saires et vous obligeriez celui qui
« à l'honneur d'être votre humble et
« obéissant serviteur : Mabilat Alligny,
le dix-huit mars mil huit cent quatre
« vint douze. » (*L'orthographe et la ponctuation sont respectées.*)

Les municipaux invités par le Directoire à donner leur avis sur cette lettre protestèrent 1° que les commissaires n'avaienr jamais prié le sieur Mabilat d'aller les voir ; 2° qu'ils n'ont quitté la chambre commune que parce qu'elle était trop humide et aussi pour s'éloigner des turbulents qui pourraient les gêner dans un travail aussi important, Qu'où ils sont tous les citoyens peuvent librement entrer et être sûrs d'un accueil fraternel « mais peu viennent dans la crainte de seulement nous troubler; tous, excepté quelques anti-citoyens, sont persuadés que la justice nous guide. »

« 3o Tout le monde ne doit point venir faire de prétendues observations et nous assommer d'absurdes questions pour terminer notre ouvrage qui est déjà assez compliqué et assez long, après dix-huit mois donnés pour faire des déclarations presque toutes fausses... il est temps que les commissaires, de concert avec les notables, remplissent leurs fonctions sans trouble.

« 4o C'est une calomnie et une imposture digne d'Etienne Mabilat de dire et d'écrire que M. le curé l'ait menacé de le gauler ou de le frapper.. Plusieurs de nous avons été témoins du contraire. M. le curé lui a, il est vrai, ordonné de sortir de chez lui parce que le dit Mabilat était un turbulent et un effronté et nous croyons qu'il est loisible au maître d'une maison de traiter ainsi quiconque se met dans le même cas. Nous reconnaissons d'ailleurs que M. le curé reçoit avec toute l'honnêteté, la bonté et la douceur possible tous ses paroissiens et nous, sommes fâchés qu'Etienne Mabilat mérite d'être une exception à la règle générale... »

Etienne Mabilat fut maire après la chute de Robespierre, et même sous l'Empire; il a eu le loisir de dédicacer la page où s'étale sa prose fielleuse et la cinglante réplique de Roussel (tant d'autres pages l'ont été). Il ne l'a point fait, conservant pour l'édification des générations à venir ce monument d'imposture et de haine.

Règlements Locaux et Séances de Police 1790

Le 13 juin 1790 Denis « La Rosée » était nommé garde-champêtre. Le 17 suivant, sur la réquisition de Augustin Denoireterre, procureur communal, la Municipalité fait défense à ceux qui ne sont point usagers de mener paître leurs bestiaux dans les pacages appartenant à la communauté affouagère du bourg et de Villerot, et aux usagers de mener leur bétail dans les taillis n'ayant pas 5 ans. Les amendes sont fixées à 5 sols pour les bêtes à cornes pacageant indûment sur la Gâtine, et 3 deniers par mouton. Dans les taillis qui ne sont point de garde, l'amende est de 10 sols par vache, 5 sous par mouton.

Pour chaque pièce de « chevalerie » pacageant dans les taillis 3 livres d'amende. Pour chaque bête à corne ou chevalerie trouvée soit à « écheintrer » soit à causer du dommage aux récoltes, aux prés taillis ou vignes dix sols de jour et trois livres la nuit (l'habitude de faire pacager la nuit transparait ici),

Par chaque personne trouvée à cueillir de l'herbe et des fruits dans l'héritage d'autrui et faire des passages aux bouchures cinq sols le jour et 20 sols, la nuit. L'amende double en cas de récidive. Les passages des bouchures devront être bouchés dans les huit jours. Le garde gardera la moitié des amendes.

Augustin Denoireterre ayant résilié ses fonctions en Août, ce fut Etienne Mabilat, élu procureur le 29 août 1790 qui eût à appliquer les réglements élaborés par son prédécesseur.

Et tout d'abord, il demande un huissier, n'étant pas dans son intention d'être un procureur inactif.

A la séance de police du 23 septembre viennent à son tribunal Claude Langlois, un manœuvre qui a travaillé sans nécessité le jour de la bonne dame de septembre et qui paiera entre les mains du sieur Foing « thrésorier », la somme de 1 livre 4 sols, et 12 sols pour la course de l'huissier. »

Edme Guérémy, du Grand Tanton, paroisse de Saint-Verain qui a laissé pacager dans les taillis de l' « Usage » « onze pièces de bêtes à cornes sous différents poils, tant vaches que taures et un taureau brun », n'entend pas être condamné et refuse d'acquiescer au procès-verbal.

« Vu lequel dire le sieur Mabilat a conclu contre le dit Guérémy premièrement, à l'amende, telle qu'elle a été, fixée (au règlement) et en deux cent livres pour le dommage causé au dit taillis, si mieux n'aime le dit Guérémy le faire estimer à l'amiable par des experts et par nous, nommés d'office.

Sur quoy nous, officiers municipaux, après en avoir délibéré et faisant droit aux conclusions prises par le dit sieur Mabilat et sans avoir égard au dire du dit Guérémy, avons icelui Guérémy condamné premièrement à la somme de cinq livres dix sols pour l'amende et par modération pour le dommage en celle de soixante et douze livres si mieux n'aime le dit Guérémy faire estimer le dommage.

Ce même jour et sur les conclusions de Mabilat, il est fait défense aux femmes d'aller cueillir de l'herbe dans les vignes et de rogner les ceps à peine de 3 livres d'amende.

Défense d'enlever les affiches sous peine de la même amende (Très généralement le « paréatis » des officiers municipaux était lacéré).

Défense à toute personne de ne rien laver ni mettre tremper aucune espèce de chose, soit linge, soit légume dans toutes les fontaines servant à fournir de l'eau sous peine de six livres d'amende. Lesquelles défenses furent lues et affichées.

Le dix huit septembre 1790 nouvelle audience où défilent pour y être condamnés : quelques domestiques qui ont mangé des raisins dans une vigne, Gabriel Fournier qui a travaillé le dimanche et qui paieront la course de l'huissier.

Le onze octobre comparait Petit Bon qui a insulté Jacques Normand, officier municipal « par des propos indécents », en revenant de la foire de Saint-Michel (où il a dû boire du vin blanc bourru en mangeant des châtaignes), qui a frappé et jeté à terre Jacques Ferréol Bailly, le prenant pour Jacques Normand et qui paiera trois livres d'amende applicables aux pauvres.

Mais tout l'intérêt de cette audience du onze octobre porte sur le procès de chasse intenté par Chenal, maire à Léger Lemoine et Pierre Leclerc, de Donzy son beau frère, pour avoir chassé dans son bois du Pâtureau de la Tourpinpean, proche La Roderie. Léger Lemoine est un ami politique de Etienne Mabilat qui ne pourra rien pour lui.

Lemoine et Leclerc ayant décliné à Chenal le droit de juger un procès où il était partie, ce qui semblait juste, la Municipalité, le 4 novembre, statuant sur le déclinatoire de Lemoine, décide qu'ils comparaitront en personne.

Le 2 Décembre, 5 témoins assurent le fait de chasse de Lemoine et Leclerc qui sont condamnés à chacun 3 livres d'amende pour la commune, 5 livres pour les témoins et 3 livres pour l'huissier. Le paiement devra se faire dans les 8 jours sinon la saisie d'immeuble est suspendue sur eux.

Voilà un procès qui n'a pas bonne odeur. Chenal aurait pu s'abstenir de poursuivre un adversaire politique pour une chose aussi insignifiante; d'autant plus que, au dire des témoins le fusil à chien avait raté 2 fois le lièvre qui coure encore. Mais pourquoi Lemoine qui a plus de propriétés foncières que Chenal va-t-il chasser chez ce dernier.

Dans la séance de police du 30 Décembre, plusieurs citoyens sont condamnés à rétablir leurs cheminées dans le plus bref délai et même les bâtiments menaçant ruine. Ceux-ci étaient nombreux, parait-il, au point d'être dangereux pour la circulation, ce qui est caractéristique d'une économie misérable : toits de paille, cheminées abattues, masures écroulantes. Ceci en 1790.

La Municipalité ordonna « que tous les fours et cheminées des maisons situées dans l'étendue de la Municipalité seront rétablis par les propriétaires des dits bâtimants dans le délai de 15 jours à peine de 6 livres d'amende... que tous les propriétaires de bâtiments menaçant ruine et qui pourraient par leur chute (les batiments)porter préjudice au public seront pareillement tenus (les propriétaires) de les rétablir dans le délai d'un mois » sinon la même amende leur sera infligée indépendamment de leur responsabilité en cas d'accident.

Enfin défense est faite le même jour de déposer des bois, fumiers et généralement toutes choses gênantes dans les places publiques et rues, sous peine de 3 livres d'amende, ce qui s'y trouve devant être enlevé dans les six jours.

J. B. Vaudry curé constitutionel

Le 27 Mars 1791, fut élu à Cosne comme curé d'Alligny, Jean-Baptiste Vaudry, précédemment curé de Saint-Père, très certainement dans les formes déterminées par la contribution civile du clergé qui venait d'être publiée (fin février). Ce prêtre était originaire de Vire dans le Calvados.

Par une lettre adressée à M. le Maire et à MM. les officiers municipaux, Vaudry avertissait de son arrivée pour le 16 avril, à fin de prise de possession de son poste, comptant sur la prudence et le zèle de la municipalité pour assurer l'ordre et la paix, suivant son expression. Deux commissaires nommés par le district l'accompagnent d'ailleurs.

Les Municipaux convoqués par Chenal le samedi, Mabilat étant présent, décident 1o que le Maire sera chargé d'inviter M. le Commandant de la garde Nationale de se rendre avec un détachement de la garde à l'effet d'assister à la cérémonie de l'installation du sieur Vaudry, et d'y maintenir le bon ordre et la paix. 2o que la Municipalité se rendra le dimanche 10 sur les 9 heures du matin à la Chambre commune à l'effet de se rendre de cette chambre en corps à l'église et d'y assister à l'installation du dit sieur Vaudry à la cure ».

L'installation « en la cure » dût être remise, Vaudry invitant le 11 avril, la Municipalité à engager Le Rasle à vider les lieux et à lui remettre le registre des naissances, mariages et décès.

La Municipalité « ouy M. le Procureur » (qu'à-t-il pu dire) nomme comme commissaires Chenal et Roblin pour inviter Le Rasle à satisfaire le plus tôt aux demandes de Vaudry.

Le Rasle obtempère, mais avant de quitter le pays laissa tomber quelques conseils qui ne furent pas perdus.

Car le 24 suivant, Vaudry allait se plaindre en personne à la Municipalité assemblée de ce que « depuis qu'il est dans ce pays-ci il ne cesse d'être insulté par des enfants apostés qui se servent des dénominations d'intru et de schismatique et chantent des chansons insultantes sous les yeux de M. le Procureur de la Commune à qui il a déjà représenté la nécessité d'empêcher de pareils abus, que M. le Procureur de la Commune a déjà répondu en présence de MM. les Officiers Municipaux qui l'ont engagé à empêcher que cela ne rarive (sic) dorénavant, qu'il ne pouvait pas empêcher les enfants de faire ce qu'ils voulaient faire; en conséquence, requiert que dorénavant, pareille chose n'arrive et que le bon ordre à cet égard soit tenu, et a signé: Vaudry ».

La Municipalité lui donne satisfaction et fait défense de ne plus insulter Vaudry par paroles et chansons; les parents des enfants qui le feraient seraient condamnés à 6 livres d'amende.

Dans cette séance sieur Alexandre Foing assure qu'à la messe dite par Vaudry, la quêteuse pour la vierge avait une posture indécente, « que les enfants et quelques grandes personnes se portent également mal et ne portent point le respect qui est dû à la divinité qui réside (sic) dans l'Eglise »

Le Conseil ordonne à la dite quêteuse « d'être plus circonspecte à l'avenir, fait défense à toutes personnes, enfants et autres de ne plus à l'avenir tenir aucune posture indécente, mais plutôt leur ordonne de s'y comporter avec la décence qu'exige la sainteté du lieu et que tous ceux qui contreviendront seront aussi condamnés à six livres d'amende. »

Les dévots fanatiques usèrent d'audace jusqu'à imaginer des violences sur la personne de Vaudry. Celui-ci s'en plaint au district, et une enquête s'en suit. Des commissaires venus de Cosne recueillent les 29 et 30 juillet différents témoignages desquels il résulte que dans des réunions faites dans dans la maison même de Mabilat un complot avait été ourdi contre la personne de Vaudry.

Toutefois l'affaire n'eut pas d'autre suite (d'après Paul Cornu).

Le Rásle était parti, mais sans s'avouer vaincu. Avant de quitter Alligny il s'empare du registre de la fabrique posé habituellement sur le banc d'œuvre, de soutanes d'enfants de chœur et d'autres objets.

Le 19 Mai, le Conseil (ouï, le sieur Mabillat, procureur) satisfait à la demande de Roblin et décide que Le Rasle sera traduit devant le Tribunal du district. Mabilat se refusant de requérir contre Le Rasle et Roblin ne voulant point le remplacer dans cet office, Chenal offre de se charger de la besogne.

En novembre 1791 il est procédé au renouvellement de la Municipalité. J.-B. Vaudry a sans doute gagné la sympathie des gens d'Alligny car ils le nomment comme notable; par suite il assistera à toutes les séances de la mairie ». Mabilat n'a pas été réélu procureur; c'est Alexandre Foing, son cousin qui le supplante.

Le Rasle continue toujours à faire parler de lui. Le 27 Décembre, le procureur Foing représente au Conseil que Le Rasle, ci-devant curé, vient toutes les semaines de Cosne dans la paroisse, troubler le bon ordre, qu'il y distribue de prétendus brefs du pape, chargeant le curé Vaudry des qualificatifs d'intrus, de voleur... et demande à requérir. Le Conseil arrête que le sieur Le Rasle sera prévenu que « sa conduite est odieuse à la majorité des citoyens, que le vœu général est qu'il cesse de s'y transporter et notamment pour y troubler l'ordre, que si, sur la notification du dit arrêté il récidive... » il sera poursuivi à sa requête par devant le ministère public.

Il y reviendra pourtant encore,baptisant de droite et de gauche mais de moins en moins car la maréchaussée le surveille et le martyre ne le tente qu'à moitié.

En février 1792, Vaudry réclame et obtient que Jacques-Thomas Bullet bedeau-sonneur, qui ne lui donne point satisfaction soit remplacé. On lui donne Charles-Alexandre Bullet, sans doute pour que les cloches ne changent pas de main, qui depuis deux siècles étaient servies par la famille Bullet.

Vaudry, comme notable suit les évènements de très près. Il a 32 ans il est enthousiaste de la Révolution, comme Roussel et les Chenal, père et fils et les Denoireterre. Ils n'ignorent point les uns et les autres que leurs existences sont en jeu et que la défaite ou la victoire des idées nouvelles c'est pour eux une question de vie ou de mort. Ils sont patriotes comme on l'était à cette époque et voient bien au-dela de leurs personnes, l'avenir du pays.

On le verra le 15 septembre 1792, prêter le serment des officiers publics de manière solennelle, jurant au milieu des citoyens emplissant l'Eglise d' « être fidèle à la nation, de maintenir de tout son pouvoir la liberté et l'égalité ou de mourir à son poste ; de maintenir de tout son pouvoir la sureté des personnes et des propriétés et de mourir, s'il le faut pour l'exécution de la loi. »

« A son exemple, ajoute le registre, tous les citoyens, pleins d'une ardeur civique ont levé les bras au ciel et ont prêté le même serment, après un appel nominal qui, quoique désignant la grande majorité des citoyens a cependant constaté l'absence de plusieurs. »

En octobre 1791 il est nommmé officier public pour la rédaction des actes de l'Etat civil.

Le 9 Décembre 1792 les électeurs nomment le père Chenal, maire. A partir de cette époque il aura davantage l'occasion de fréquenter la famille Chenal et de connaitre particulièrement celle des filles Chenal qui deviendra sa femme.

Enfin, la place de maire lui est confiée le 14 avril 1793 dans des conditions que j'ignore ; mais il n'abandonna point son autre fonction.

Le décret de Fouché, du 15 septembre 93 qui oblige les prêtres à se marier ou à adopter un enfant dans le délai d'un mois, lui est un cas de conscience. Il résiste à la loi pour la première fois ce qui lui vaut le 4 novembre de comparaitre devant le district qui l'inculpe et l'arrête.

Son arrestation a pour effet d'inciter son ami Mouillet, son collègue de St-Père, un ancien moine de Citeaux, et qui le remplace quelquefois dans ses fonctions curiales, à se conformer lui-même au décret. Le 20 Brumaire Mouillet adopte Elisabeth-Françoise Decuré, 13 ans, fille de François Decuré et de Françoise Mouillet, sa nièce probablement. Ce qui lui évite certainement une incarcération.

Conduit à Nevers par devant le Tribunal criminel. Vaudry comparaît le 8 Décembre, mais il est acquitté, ayant rapporté des lettres de prêtrise, consentant, comme on le lui demandait à « livrer le plus tôt possible aux flammes les brochets du sacerdoce et d'ajouter à cet acte digne d'un homme libre l'exemple de l'union conjugale ».

Rentré à Alligny le 22 Décembre, quoique ayant affirmé publiquement « qu'il ne se marierait que si son Saint-Père le mariait » il épouse Marie-Françoise Chenal, fille de Edme Chenal, le 25 Décembre, après la messe de minuit, à une heure du matin. Son ami Alexis Roussel, rédigea l'acte d'état-civil, son outre ami Claude-Pierre Mouillet lui fut un témoin.

Le trente Décembre il renonçait aux fonctions curiales.

Les dixmes seigneurales

Dans l'abolition des droits féodaux et des dixmes, la Révolution procéda par étapes et sous la pression constante des événements.

Les droits seigneuriaux vraiment odieux comme le droit de maimorte ou ceux simplement haïs comme les droits de banalité (pressoir-moulin) furent supprimés en partie en août 1789.

Ce fut seulement le 17 juin 1792 que les droits perçus par les seigneurs sur les terres furent supprimés.

Enfin les banalités réservées en 1789 furent supprimées sans rachat le 25 août 1792. Les dixmes écclésiastiques avaient été supprimées sans rachat quelque temps auparavant.

Le décret du 14 août 1792 décide que les biens d'église décrétés biens nationaux seront vendus par petites parcelles de 3 ou 4 arpents pour que les plus pauvres paysans puissent s'en rendre propriétaires.

En mai 1791, le sort des dixmes inféodées n'était pas encore tranché absolument. Le rachat, un instant envisagé nous a valu de connaître par des déclarations faites au registre municipal, le valeur des dixmes inféodées perçues sur les paysans d'Alligny.

De Foucault, propriétaire d'Insèches et maréchal de camp, présente le 5 mai 1791 « un état portant circonscription de la dixme inféodée de la dite terre d'Insèches et moitié de la paroisse d'Alligny », lequel état est « reconnu sincère et véritable ».

Le Conseil Général assemblé à cette occasion « ayant murement examiné, consulté et estimé le rapport de ladite dixme, consistant en grain et vin, d'après les vérifications des précédentes récoltes faites sur les livres que le sieur Frossard, fermier actuel nous a représentés, tenus tant par lui que par défunt Ferréol Bailly, qui, avant lui les sonnes qui levaient ladite dixme.
tenait et après avoir consulté les per-

La soustraction de la dixme sur les terres possédées par le dit de Foucault et la déduction faite de toute charge, le Conseil estime et certifie qu'année moyenne le produit net de ladite dixme, en grains, consiste en cinquante deux douzaines de gerbes de froment pouvant rendre année commune dix boisseaux la douzaine, mesure de Cosne, pesant vingt deux à vingt trois livres le boisseau, ce qui produit cinq cent vingt sept boisseaux, que nous avons évalué année commune trente six sols, ce qui fait une somme de 948 livres 13 sols.

Huit douzaines et sept gerbes de fromentée, pouvant rendre quinze boisseaux la douzaine, ce qui fait 128 boisseaux à 28 sols le boisseau; au total, 179 livres 15 sols.

Trente douzaines et trois gerbes d'orge. pouvant rendre 10 boisseaux et demi à 24 sols le boisseau ce qui fait 363 livres.

Vingt trois douzaines d'avoine pouvant rendre 16 boisseaux, ce qui fait 167 boisseaux à douze sols, ce qui fait 220 livres 4 sols.

La paille de 114 douzaines faisant la totalité des grains ci-dessus désignée à 3 livres la douzaine, déduction faite des charges, forme la somme de 342 livres. Total des grains et pailles 2053 livres 1 sol.

Plus ledit sieur de Foucault possède la dixme de vin sur les côtes des Angeris, la Brosse aux Bruns, le Suchet, les vignes Vavon, Navrot, les vieilles vignes, les grands et petits déserts, et les vignes de Vailly. Le produit de laquelle dixme de vin nous avons pareillement évalué après avoir pris les informations des dits dixmeurs ci-dessus dénommés, pouvant produire année commune 22 poinçons de vin de 240 pintes, mesure de Paris, à raison de 30 livres chaque poinçon, frais de vendange déduits, ce qui fait 660 livres.

Total des produits des dites dixmes de ble et vin 2713 livres 1 sol, ce qui représente environ 30.000 fr. de monnaie de 1929. Avec cela le sieur de Foucault pouvait représenter à la Cour de Louis XVI.

Le 30 juin 1791 « Jean-Baptiste-Louis Delabussière et demoiselles Marie-Françoise-Louise, Anne Gabrielle, Jeanne-Marie-Gabrielle et Jeanne-Marie-Louise Delabussière, ses sœurs » font déclaration d'une partie de dixme située sur cette paroisse. »

Le Conseil Général ayant reconnu le droit de dixme, entendu « sieur Augustin Denoireterre, fermier sortant ayant fait valoir depuis longues années la terre d'Allign y et les nommés Jean Girault Jacques Bain et Etienne-François Foing préposés depuis de longues années à la levée de la dixme » en détermine ainsi

59 douzaines et 6 gerbes de froment valant 1077 l. 12 s. 11 d.

5 douzaines de gerbes de méteil valant 70 l.

9 douzaines de gerbes de fromentée valant 189 l.

29 douz. et 8 gerbes d'orge valant 325 l. 12 s.

37 douz. de gerbes d'avoine valant 398 l. 16 s. 8 d.

La paille de ces graines estimée 422 Au total 2483 livres 1 sou 7 deniers, représentant au moins 27000 en monnaie de 1929.

Le même jour Roussel, père, de Vauzème, fait la déclaration de la dixme qu'il perçoit avec le curé sur le finage de Vauzème. Son estimation en est faite précédemment.

Les paysans payèrent encore la dixme en 1791 ce qui les mécontenta fort. Ce mécontentement se traduisit en novembre par l'élection d'une municipalité plus révolutionnaire.

En 1792, lors de la moisson, le soin était grand, et les gerbes moisissaient aux champs alors que les « dixmeurs » ne passaient point. Le décret du 25 août tranquillisa les ruraux. Sa connaissance fit l'effet d'une trainée de poudre. C'était une victoire qui valait bien la prise de la Bastille. Pour la consolider, le paysan dut donner ses enfants et fournir l'effort de plus de vingt ans de guerre.

Le 17 juillet 1793 la Convention abolit les droits casuels que la Législative avait conservés et décreta que « tout les titres féodaux devront être déposés dans les trois mois au greffe des municipalités et qu'ils seront brûlés en présence du Conseil Général et de tous les citoyens ».

La tradition rapporte qu'ici ceux qui avaient payé le cens de leur terre ne furent pas remboursés. Bien entendu, ceux qui ne l'avaient pas encore payé ne le payèrent point.

Le 22 frimaire an II de la République une et indivisible « François-Auguste-Fauveau Frenilliy (de) fils, en cette qualité procureur de la citoyenne Charlotte-Pauline-Victoire Chatelain, Vve Fauveau Freuilly, propriétaire du cy-devant fief d'Alligny » (succédant à Debussière) remet au Conseil général assemblé ses titres et papiers, savoir :

« Deux terriers du ci-devant fief huit lièves (1), une liasse de baux du greffe, une autre liasse contenant la banalité du moulin d'Alligny (lequel était situé au nord du cimetière actuel) deux autres liasses concernant les censives roturières, autre liasse contenant des renseignements sur les droits des terres voisnies, une autre liasse contenant les droits de bordelage, autre liasse contenant les mouvances passives ; autre liasse contenant les mouvances actives de droit d'ensaisinement ; qui sont toutes les pièces que ledit sieur de Freuilly a dit être en son pouvoir. »

Le même jour s'est présenté le citoyen Pierre Frossard, fils, marchand fermier demeurant à Cosne.

Lequel, au nom et comme fermier de la ci-devant terre et seigneurie d'Insèches et autres fiefs nous a apporté les titres et papiers qu'il nous a dit avoir en sa possession concernant les fiefs de Vailly, Vauzelme, les Rebouleaux, Parigny et Le Suchet dont suit la description sommaire des principales pièces, savoir :

Deux terriers intitulés terriers de Saint-Verain ; un livre de recettes du fief de Vailly ; un livre de recettes du fief de Vauzelme un terrier concernant le bordelage de Vauzelme ; un terrier de Vauvelme ; un aveu de dénombrement de la terre d'Alligny; un terrier de Parigny, Vauzelme et Vailly · une liève de Vaulzème, Les Rebouleaux, Vailly, Montgogié, Les Roblins, Terre Noire, Les Coudray, et Chez Calon. Copie de deux volumes d'un ancien papier terrier de la baronnée de Saint Verain des années 1559 et 1675; terrier de Vailly, Les Rebouleaux et Vauzème. Et a ledit Frossard signe sa déclaration. »

Le troisième décady de frimaire de II le Conseil général assemblé « Considérant qu'il n'avait pu mettre à exécution la loy qui ordonne que tous les titres et papiers féodaux seront brûlés, mais qu'il était à la portée de la mettre à exécution vu que le sieur Freuilly et le sieur Frossard pour le sieur Foucault nous avaient remis tout les titres, tel qu'il appert par le procès-verbal du vingt deux du présent mois, ainsi que les titres concernant le fief de Dalivet qui avait été remis au sieur Vaudry, maire.

« Le Conseil Général arrête qu'il se transportera en corps à la place qui est au haut du bourg pour faire brûler les dits titres et papiers; où étant, après avoir fait avertir au son de la caisse tous les citoyens de s'y trouver, le feu a été mis aux dits papiers aux cris redoublés de vive la République une et indivisible, vive la montagne, vive la Nation, vive la Liberté et l'Egalité. Le Conseil n'a pas quitté qu'ils ayent été réduits en cendre. De retour à la Chambre nous, membres susdits avons adressé le présent pour servir et valoir ce que de raison. »

A cette date, et pendant que les pères brûlaient les titres des seigneurs, les fils aux armées, poussaient, bien au-delà des frontières et baïonnette au dos les Prussiens que la noblesse française avait appelés à son secours.

Période pleine de grandeur, réaction d'un peuple désabusé et fort, nos municipaux en savouraient la mystique âpre, faisant l'histoire et la rédigeant en procès-verbaux, travaillant pour l'avenir et pour le présent. N'ont-ils brûlé que quelques papiers ? Non. Ils ont fait table rase d'un passé de servitude et de misère.

Étienne Mabillat procureur en 1791

Les jugements de la Municipalité n'ont pas tous pour origine l'initiative du procureur communal ; ils peuvent être aussi le résultat d'une plainte d'un particulier ou d'un rapport d'un notable, voire d'un officier municipal. La charge de procureur confère à celui-ci des droits et des devoirs auxquels il sacrifie dans la mesure de sa conscience.

Droits et devoirs ne sont pas si bien définis que dans leur exercice n'apparaisse l'homme d'un parti. C'est ainsi qu'on verra en cette 1791 Etienne Mabilat continuer sa manière de 1790 et résister aux idées nouvelles sous tous les prétextes et par de très petits moyens.

Roussel remporte sur lui une victoire marquée en signalant dans un procès-verbal les propos tenus en chaire par le curé Le Rasle le 17 Février. Le district, à la réception d'une copie de ce procès-verbal prend aussitôt un arrêté invitant Mabilat à venir s'expliquer à Cosne. Pendant qu'il y était et qu'on lui « lavait la tête » Roussel affichait cet arrêté « partout où besoin serait ».

Dans sa séance du 1er Mai 1791 (un dimanche) la Municipalité siégeant comme tribunal de police souscrit bien aux conclusions de Mabilat en ce qui concerne Thenaisy, des Cornigeons qui devra payer 12 sols d'amende pour avoir fait du feu dans un endroit dangereux, et Gabriel Fournier qui paiera 30 sols pour avoir fait un fossé qui gêne la circulation dans le chemin de Bouhy ; mais n'y souscrit plus quand il prétend faire condamner à l'amende Claude Pouillot cabaretier, qui a vendu à boire un dimanche et Pierre Bain, laboureur au Mousseau, qui aurait bu avec François Cocu.

Les uns et les autres contestent le fait, prétextant qu'ils étaient attablés pour affaires et non en « perturbateurs du repos public, ainsy que l'annonce le dit Mabilat dans son avertissement portant procès-verbal. Qu'ils ne buvaient point, et qu'il n'y avait point de vin sur la table, et que même ils l'avaient fait observer au dit sieur Mabilat;... que d'ailleurs ils ignoraient en quelle qualité le dit sieur Mabilat s'était présenté chez le dit Pouillot, attendu qu'ils ne luy ont vu aucune marque distinctive qui leur annonçat qu'il avait droit de les reprendre. »

Finalement le Conseil a « renvoyé les dits Bains, Cocu et Pouillot de la dénonciation faite contre eux par le dit procureur de la commune. »

Mabilat n'a point de chance ce jour-là. Une autre fois, il prendra sa ceinture tricolore quand il voudra épier ce qui se passe chez les marchands de vin qui lui sont concurrents. Ce n'est toutefois pas chez son ami Rollet qu'il verbalisera.

Le 26 juin, il s'en prend à son cousin Etienne François Foing, boucher et l'assigne à s' « entendre condamner à 3 livres d'amende pour avoir tué des veaux le jour de Pentecôte. »

« Ledit Foing, présent, a dit qu'il avait tué un veau, mais que n'ayant plus de veau il avait été forcé d'en tuer; qu'il s'était cru fondé à le faire avec d'autant plus de raison que cela se fait dans toutes les villes voisines.

Sur quoy, le Conseil Municipal, après avoir délibéré et ayant égard au dire du dit Foing et attendu que cet usage se pratique partout, a renvoyé le dit Foing, de la citation que luy a faite le dit sieur Mabilat. »

Ce qui n'est point encore une victoire.

Le même jour Philbert Berthelot, pêre et fils, qui ont fait du bruit dans la rue sont invités à ne point récidiver mais ne paieront point les 3 livres d'amende que voulait leur infliger Mabilat.

Le 9 octobre 1791 une occasion sensationnelle de montrer ses sentiments lui est offerte.

Ce jour-là, la Municipalité sous la présidence de Jean Milleron (Chenal étant démissionnaire) envisage le moyen de satisfaire à l'arrêté du département qui demande de fêter l'acceptation de la Constitution par Louis XVI.

En ayant délibéré elle décide que tous les citoyens seront invités à cette fête civique dont le cérémonial serait ainsi: « Le curé (Vaudry) serait invité à annoncer un Te deum d'actions de grâce à l'issue des vespres; le commandant de la garde nationale serait requis de mettre un piquet sur pied. De plus qu'il sera acheté et conduit au lieu où s'arrêtera la procession, une quantité de bois pour faire un feu de joie à l'issue des vespres, où le dit sieur curé sera prié de chanter un hymne d'actions de grâces. Et que nous, officiers municipaux, nous nous transporterons à l'église pour assister à la dite cérémonie. Et que le sieur Mabilat sera prévenu par un de nous, afin d'être à même de remplir ses fonctions et même de redoubler son zèle et faire paraître son empressement et son dévouement pour la chose publique, dont jusqu'à présent il a fait le contraire... »

Il y a sans doute plus d'ironie que de candeur dans ces objurgations. Mabilat, qui a sur le cœur l'enquête de Juillet où des témoignages multiples assurent qu'on a comploté chez lui la mort de Vaudry, et qui subit depuis l'indulgence de sa victime manquée, n'est point homme à donner de si promptes satisfactions.

Aussi les Municipaux, revenus de la cérémonie arrêtent de consacrer dans leur procès-verbal « l'incivisme de Etienne Mabilat, Procureur de la Commune qui, loing de s'être prêté, suivant sa place, à faire exécuter la loy et l'arrêté du Département de la Nièvre, a semblé renchérir pendant le cours de ladite journée sur sa conduite anticonstitutionnelle en affectant de se montrer en haillons pendant la dite cérémonie.. »

Et ces bons paysans qui n'ont avec eux que Alexandre Simon Denoireterre, le greffier, comme intellectuel pouvant donner du poids à leur pensée, font appel aux grands frères qui, en août, ont démissionné, rebutés par les difficultés de la constitution d'une matrice foncière, Chenal, Denoireterre et Roussel : « avons arrêté en outre que pour l'authenticité de tout ce que dessus M. Vaudry, curé de la paroisse, Roussel, Chenal, Denoireterre père, Denoireterre fils, commandant de la garde nationale seront invités à signer avec nous le présent acte. », ce qu'ils ne refusèrent point.

Les élections de Novembre approchent. Mabilat, qui se sent glisser dans l'opinion ne néglige aucune occasion de montrer son fiel.

Le 6 novembre, il assemble quelques usagers à la mairie et inscrit au registre une délibération décidant le partage des bois sectionnaux d'affouage, que ceux qui savent signer signent. Je note, ce qui m'étonne la signature d'Alexandre-Simon Denoireterre.

Etienne Mabilat, en tant que procureur, ne devait pas ignorer l'existence de l'art. 50 des décrets de l'Assemblée Nationale sur la Constitution des Municipalités, qui font rentrer dans leurs attributions la régie des biens et revenus communs à tous ou à portion des habitants. S'il a fait semblant de l'ignorer, c'est simplement pour mettre la Municipalité en face d'un fait accompli comportant l'élimination de deux usagers dans le partage : le curé Vaudry, son adversaire généreux et la veuve Mabilat Pierre, sa propre tante. Ce qui permet de juger du caractère de l'homme.

Le premier soin de la Municipalité nouvelle élue le dimanche d'après la St-Martin fut de casser l'arrêté illégal pris par les usagers des bois d'affouage assemblés par Mabilat et d'ordonner qu'il serait raturé, biffé, regardé comme nul.

Il arrête en outre que « la veuve Mabilat Pierre sera maintenue dans son droit d'usage et que le droit qui lui a été induement refusé pour la présente année lui sera délivré par M. Jacques Normand, maire et Etienne-François Foing, conseiller municipal, dans le canton de l'an prochain attenant à la réserve. Arrête en outre que M. le curé jouirait provisoirement du droit d'usage en la manière de ses prédécesseurs.. »

La dernière manifestation justicière de Mabilat fut de traduire devant le tribunal municipal Cocu Charles, du bourg, pour n'avoir point, au 13 novembre, bouché un passage de vigne, et s'entendre condamner à 3 livres d'amende. Il ne fut condamné qu'à 30 sols et seulement pour avoir fait défaut.

1792 - Une municipalité paysanne

Si vous pensez que les affaires se font si aisément, prenez notre place, ont semblé dire aux mécontents Chenal, Denoireterre et Roussel qui démissionnaient en août 1791.

Et c'est ainsi que Jacques Normand, fils, de Villerot, fut porté à la mairie Alexandre Foing remplaçant Etienne Mabilat comme procureur.

Dans son ensemble, la municipalité est acquise aux idées nouvelles quoique Jean Milleron fut bien terne et Martin Foing plein de circonspection. D'ailleurs Vaudry, Roussel et Denoireterre, qui siègent comme notables surveilleront les événements.

Alexandre Foing, qui était procureur fabricien avant d'être élu procureur communal, se manifeste dès le 27 novembre 1791 en requérant et obtenant un règlement des sonneries de cloches, arguant qu'il « a été sonné honorifiquement pour des ci-devant seigneurs. » Voici les dispositions générales de son réglement :

1o Les dimanches et jours de fêtes sont annoncés la veille par une sonnerie de 2 cloches.

2° L'angélus sera sonné trois fois le jour.

3° Les marguillers auront soin des autels, chaises, bancs, sièges et balaieront l'église une fois la semaine.

4° Ils accompagneront le curé quand il portera le Saint Sacrement.

5° Ils assisteront à toutes les inhumations de grandes personnes. Un seul suffisant pour les enterrements d'enfants

6° Les fosses du cimetière creusées par eux, seront de 4 pieds pour les grands corps et de 2 pieds pour les petits.

7° Ils feront observer le bon ordre dans les processions.

8° Ils présenteront le pain bénit aux grandes personnes et le donneront aux enfants ,et mettront le reste sur le banc d'œuvre pour être vendu au profit de la fabrique.

Ils sonneront personnellement pour les offices, enterrements, mariages et baptêmes, sans aucune prérogatives et s'offriront aux réquisitions de la Municipalité pour les sonneries extraordinaires.

Alexandre Foing devait souffrir, étant procureur fabricien ,de n'être point procureur communal. Aussi, l'étant devenu, il s'empresse de réaliser ses formules d'ordre.

Le règlement du pain bénit suit le règlement des marguillers :

1° Le morceau de pain bénit ou « cognon » sera présenté à tout chef de maison ayant feu.

2° L'ordre à suivre sera le rang des maisons sans qu'il soit permis d'en passer aucune sans permission.

3° Dans le cas où dans une maison il se trouverait deux ménages n'ayant qu'un même feu, chaque chef de ménage différent sera tenu à la présentation du pain bénit, présentation qui se fera par lui même, son épouse, ses enfants de communs, sous peine de trois livres d'amende.

4° Une même communauté ayant plusieurs maisons ayant feu et habitant individuellement toutes les maisons sera tenue de présenter autant de pains bénits qu'il occupera de maisons différentes dans un même ou plusieurs villages.

Le règlement devait être observé par tout chef de maison, sous peine d'y être contraint et de supporter une amende, suivant l'exigence des cas.

Dans ce même jour l'assemblée arrête que le greffier exercera personnellement sa fonction en se conformant à la loi qui les règle, ce qui est un rappel à l'ordre pour Denoireterre fils.

Sur la représentation de M. le Procureur „le Conseil arrête encore qu'il est fait défense de couper des chapons (sarments à planter) dans les vignes sans y être autorisé de l'autorité même, et accompaagné du propriétaire, de son vigneron ou de domestiques sous peine de 10 livres d'amende.

Cet huissier dont Etienne Mabilat avait tant besoin pour faire ses assignations et porter ses exploits, Alexandre Foing, son successeur et cousin, va s'en servir contre lui-même, et à son grand dommage, pour avoir violé les règlements interdisant de travailler et de faire travailler les jours de fêtes et dimanches

C'est ainsi que les sieurs Berger, arpenteur à St-Amand, Jacques Foing, tonnelier aux Vallées, Commune d'Arquian Jacques Alexandre Brisset, cabaretier à St-Verain, Pierre Rollet charpentier au bourg et Etienne Mabilat, défendeurs comparant en personne (faire défaut est coûteux, Mabilat le sait) ouïrent M. le Procureur dans ses conclusions : « Vu l'infraction aux réglements et le mauvais exemple qu'iceux Berger Foing, Brisset. Rollet et Mabilat ont donné dans cette paroisse en travaillant et faisant travailler le vingt neuf de mois dernier fête patronale de cette paroisse. (St-Saturnin)... »

Et se virent condamner au profit de la commune, les dits Berger Foing et Rollet à chacun trois livres d'amende et à 12 sols pour la course de l'huissier.

« Et le dit sieur Mabilat en six livres d'amende et en 12 sols pour la course de l'huissier vu qu'il a exercé la fonction de procureur de la commune et qu'il n'a pu être censé ignorer le réglement... faisons défense de récidiver sous plus grosse peine. Enjoignons au dit procureur de la commune de faire lire, publier et afficher la présente sentence dimanche prochain à la porte de l'église et de la faire mettre à exécution dans le délai de quinze jours nonobstant toute opposition ou appellation quelconque... »

Etienne Mabilat a dû trouver la farce mauvaise car il s'en venge en signalant son cousin Etienne-François Foing comme ayant fait griller un porc trop près des maisons. Jacques Bain et François Barbier appuyaient cette plainte ; mais il n'obtint pas cette amende qui lui aurait semblé compensatrice, la loi qui défend d'allumer du feu à moins de cinq toises des maisons n'ayant pas encore été publiée, lue et affichée et n'a pas « conséquemment la publicité requise pour subir amende en l'enfreignant... »

Le 15 janvier 1792, Léger Lemoine un ami de Mabilat, qui a déjà subi un procès de chasse sous Chenal en 1790 se voit encore condamné à 3 livres d'amende pour avoir déménagé ses meubles le dimanche au mépris des réglements.

Le 21 janvier 1792, en application de la loi du 22 juillet 1791 sur l'organisation de la police est réduit à 3 membres. Le choix s'est porté sur Jacques Normand, maire, Verain, Roblin et Etienne-François Foing.

Le 2 février 1792, Maritte Carrouée « citoyen actif » de St-Verain est nommé garde des bois et pacages de la section de Villerot, en remplacement de Denis « La Rosée » décédé, moyennant le salaire de 48 livres payables à Noël et la moitié des amendes.

Le 5 février, Louis Morin, des Roblins est poursuivi pour avoir causé du scandale dans la rue en prononçant des paroles peu convenables. Interrogé, il ne s'est servi pour se justifier que de paroles vaines et vagues. Trente sous d'amende le feront réfléchir.

L'opposition à la Municipalité est constante en cette année 1792, autant qu'en 1791, mais n'est guère le fait que de quelques personnes.

C'est au début de Mars que Mabilat Etienne va ennuyer les commissaires qui confectionnent les états de section et qu'il reçoit une si magistrale leçon.

Rollet, le cabaretier dont la maison est au chevet de l'église abrite le rendez-vous des amis de l'ancien régime. Tout ce qui s'y dit n'est pas entendu car les amendes pleuvraient.

Dans une visite opportune le procureur Alexandre Foing (qui a le manche s'en sert) y découvrit pendant « l'office divin » du dimanche 25 mars « le nommé François Guillien cy devant huissier aux tailles, buvant et étant en débauche. »

Comparant devant le Tribunal il s'y comporte « assez insolemment. » Condamné à la somme de I livre 4 sols d'amende, il aurait peut-être murmuré, sans plus ; mais ayant été invité au silence, il se crut obligé de montrer qu'un ancien chef de garnison dont la Municipalité se sert comme d'épouvantail pour faire payer l'impôt, ne s'en laisse pas imposer.

L'amour-propre d'un procureur communal n'est pas moins grand, on le pense bien : « Le silence recommandé au sieur Guillien, il venait non seulement de murmurer insolemment mais qu'il venait de se permettre ouvertement les termes les plus injurieux en notre présence, au milieu de nos fonctions et revêtues de nos marques distinctives en disant : qu'il se foutait et ne se souciait des officiers municipaux et du procureur de la commune ; le tout avec nargue, défi et menace ; qu'il requérait en conséquence que l'outrage fait à la loi dans nos personnes et dans la sienne fut puni suivant l'exigence des lois.

Guillien fut condamné à trente livres d'amende dont 15 applicables aux pauvres et quinze au profit de la commune. Le jugement porte que la sentence sera lue, publiée et affichée à la porte de l'église de cette commune pour le bon exemple.

Il fut arrêté en outre « qu'il sera envoyé sur le champ par la personne de Jean Gouthière, huissier de la municipalité un réquisitoire à MM. les gendarmes de Cosne pour qu'ils aient, en notre nom, à se saisir de la personne du sieur François Guillien et à le conduire dans la prison de Cosne pour le temps et espace de vingt quatre heures.. »

La contention des influences du passé s'obtiendra aisément par des institutions de police issues d'une révolution libératrice qui n'a point encore connu de revers et qui est servie par des hommes jeunes (entre trente et quarante ans).

Les manifestations réactionnaires qu'enfante le cerveau de l'extraordinaire et haineux Etienne Mabilat) se succèdent d'ailleurs.

C'est ainsi que le procureur Alexandre Foing en allant le matin à la grand messe aperçut « un baliveau planté sur un coin de la place publique, du côté de la maison de Louis Barbier, orné de fleurs blanches et que quelques grandes personnes regardaient avec une espèce de satisfaction, et le traitaient comme arbre de la liberté; le tout par dérision, et qu'il a été planté par des enfants. »

En la séance du 27 mai 1792 « l'an quatre de la liberté », il demande qu'il soit coupé, apporté et déposé dans la chambre commune.

Le Conseil arrête que le dit baliveau sera coupé et transporté en la chambre commune; le tout fait en présence de notre procureur de la commune, assisté de douze hommes de la garde nationale; le tout exécuté sur le champ, et que réquisitoire sera donné à l'instant au sieur Roussel, un des capitaines de la garde nationale. » (Alexandre-Simon Denoireterre semble déjà suspect, peut-être pour s'être déjà compromis avec Mabilat dans l'affaire de la coupe affouagère).

Pierre Rollet, Louis Barbier et Etienne Mabilat purent, de leurs fenêtres assister à l'opération.

Dans cette même séance du 27 mai 1792, le Conseil général assemblé, ce qui implique l'adhésion quasi unanime de la population, le Procureur communal expose, ainsi que son collègue Charles Brisset, tous deux procureurs fabriciens, et diverses personnes, que le tombeau « élevé à la mémoire d'un nommé Alexandre Gillot, bas valet de la reine Médicis sous le vain nom d'écuillier, et construit en pierre, orné de différentes marques, attributs et inscriptions proscrites par la loi; que le dit tombeau occupe en outre inconsidérément une place qui devient nécessaire en raison de la grande population de la paroisse; et qu'il serait avantageux de le démolir et d'en vendre les matériaux au profit de la fabrique... »

Le conseil général en décide ainsi, assurant que les « attributs et inscriptions qu'il comporte sont révoltants surtout par le nom odieux de Médicis » et que tout ce qui le compose « ne retrace que des droits qui sont maintenant en horreur et dont il ne veut se souvenir que pour bénir la loi qui les a anéantis... »

Le style de Roussel se manifeste ici.

Le 17 juin, la Municipalité juge la plainte portée par Louis Barbier, maréchal ,voisin du château, lequel a vu « Pierre Léguisé, domestique de M. le Curé de cette paroisse rinssant de la salade dans la fontaine de ce bourg, après l'avoir lavée dans le bassin. »

Alexandre Foing demande justice du fait (il comprend mieux son rôle que Mabilat) et une condamnation à seulement la moitié de l'annonce fixée dans le règlement du 23 septembre 1790; ce qui constitue une déférence à la personne de M. Vaudry, curé. Léguisé est condamné à seulement 12 sols, ce qui paraîtra bien peu à Louis Barbier.

Réaction Mystique

Les événements extérieurs donnent bien du souci à la Municipalité dont Jacques Normand, fils est maire et Alexandre Foing, procureur. Ils ont cru de bonne foi, comme leurs contemporains, que la suppression des droits féodaux, et les réformes indispensables concernant la justice dans l'impôt et la liberté dans le travail, allaient se faire dans le cadre de la monarchie et de la religion, et dans la paix avec l'étranger. On l'a vu, la municipalité, a cherché à collaborer avec le curé pour faire des fêtes civiques des fêtes religieuses, mais en vain.

C'est en vain que l'élément viril a cherché à concilier les sentiments effectifs et l'intérêt général.

Ayant à choisir entre la religion qui magnifiait leur existence de la naissance à la mort et les endormait dans la paix, et l'intérêt qui exigeait d'eux de se soustraire à l'asservissement continu, les hommes surent choisir virilement.

Plutôt que de retomber sous le joug, ils acceptèrent la guerre avec l'étranger appelé par la noblesse et le clergé et encouragé par le pape. Le choix fut spontané et enthousiaste. La France, d'un bout à l'autre fut secouée d'un frémissement viril, d'un élan, d'une audace irrésistibles qui furent la manifestation de l'instinct de conservation réagissant contre les forces désadaptives.

Cette réaction ne fut pas unanime. Quelques éléments féminins chez qui le rationel est toujours moins développé que l'affectif, et quelques bénéficiaires du régime, que le curé Le Rasle inspirait par une correspondance suivie et clandestine, vibrèrent de toute autre façon.

Les grands soucis qui en juillet étreignaient cœurs et cerveaux les laissèrent froids, et de même que la Vendée ne pensait pas comme le reste de la France, un groupe de mystiques, ici, s'essayait à renouveler les temps évangéliques, et au besoin à mettre le martyre à l'essai.

Le temps n'était vraiment pas propice à des tentations de cet ordre et Rousse, commandant de la garde nationale ne badinait pas sur ces matières.

Un procès-verbal de celui-ci et un réquisitoire du comité de permanence amenèrent sur le banc des prévenus à l'audience du 1er août 1792 Jeanne Trottier. fille de Louis Trottier, de Villerot, belle sœur de Mabilat Etienne, accusée d'avoir été « chef d'un rassemblement dans une maison du bourg, ledit rassemblement composé de grandes personnes, de jeunes gens et d'enfants, que la dite Jeanne Trottier, cathéchise sans caractère de fonctionnaire public, qu'elle instruisait au mépris de la loy et des autorités constituées et contre le bon ordre, dans une chambre du dit bourg remplie de bancs à ce destinés. ». Jeanne Trottier comparant et interpellée répond qu'elle enseigne la loi de Jésus-Christ.

« Sur ce qui luy a été dit que la loy de l'Etat exigeait pour l'instruction publique qu'on fut fonctionnaire public et assermenté, la dite Jeanne Trottier a répondu qu'elle ne se souciait de la loy et qu'elle entendait annoncer la parole de Dieu. Après avoir délibéré, et ouy le Procureur de la Commune, nous composant le Tribunal sus dit, avons condamné et condamnons la dite Jeanne Trottier comme chef de rassemblement contre le vœu de la loy, comme s'étant permis de cathéchiser et d'instruire publiquement dans un lieu destiné et préparé à cet effet sans autorisation de la police et sans l'inscription exigée par la loy sur la porte du rassemblement; pour s'être permis depuis longtemps dans nombre de maisons des discours séditieux et inspirés aux grands et aux petits, qu'elle s'est permis de rassembler l'insubordination et le mépris des lois à vingt quatre heures de détention dans la maison d'arrêt du chef lieu de canton où elle se rendra dans l'espace de trois jours à peine d'être contrainte; à compter et compris le jour de la notification; à vingt livres d'amende dont six livres au profit des pauvres et dix livres aux frais de police, et aux dépens. Faisons défense à Jeanne Trottier de récidiver sous plus grosse peine; ordonnons que la dite sentence sera lue et affichée à la porte de l'Eglise pour le bon exemple. Enjoignons à notre procureur de la commune de faire mettre la présente sentence à exécution dans le plus court délay, requérons le bataillon de notre commune, gens d'armes, d'y prester main forte. Au tribunal de police, à Alligny les jour et an que dessus ». (Ont signé), Demoireterre notable, Denoireterre greffier, Verain Baron, Foing procureur, Foing Etienne François, Jacques Normand, maire.

Le même jour, Etienne Mabilat est cité comme complice ayant fourni la bre. De cela, présent, il ne se défend point mais prétend avoir loué la chambre à son oncle Jacques Trottier, sans savoir, le cher homme, ce qui allait s'y passer.

Le 5 août, Jacques Trottier, cité, comparait et se voit condamner à dix livres d'amende, et aux frais (paye, mon oncle).

Telle fut cette affaire Jeanne Trottier qui par certain coté ressemble assez à l'affaire Catherine Théos).

La patrie en danger

La moisson était à peine rentrée, cette moisson intégrale, vierge de toute dixme, la première depuis bien des siècles, que le tocsin appelait les jeunes hommes à la défense des droits nouvellement acquis.

Les mesures à prendre lorsque la Patrie est en danger avaient été fixés dans la loi publiée les 4 et 5 juillet. Le 27 suivant le conseil général de la Commune au complet, en exécution de cette loi et de l'acte du corps législatif qui déclare la Patrie en danger, se met en surveillance permanente et donne un réquisitoire au commandant du bataillon de garde nationale pour prêter main forte à l'entière exécution de la loi.

La permanence n'était pas un vain mot car le 1er août, Jean Milleron, officier municipal est dénoncé à ses collègues au Conseil général par les membres du comité de permanence pour s'être absenté de son poste.

Le 15 août le Conseil général assemblé au complet nomme comme commissaires MM. Frou et Charles, citoyens de Cosne.

L'animateur du mouvement politique à Alligny Alexis Roussel, homme de 31 ans, l'enthousiaste et viril commandant de la garde nationale, celui qui prend toujours ses responsabilités, ne laisse pas à d'autres le soin de publier l'adresse du département de la Nièvre concernant la Patrie en danger ainsi que la demande faite par Biron, général de l'armée du Rhin de huit cents hommes de ce département.

Cette lecture fut faite par lui à l'issue de la messe du 9 septembre. Il mit également ses auditeurs au courant de la lettre envoyée à lui par le chef de la légion du district demandant un rassemblement de la garde nationale à Cosne pour le 16 et l'engageant à faire ses efforts pour que les citoyens coopèrent au nombre d'hommes que doit fournir le canton.

Comment omettre ici de dire que Jacques Normand, de Bois-Joly, père du maire répondit à Roussel et « hautement » que les gens de la campagne devaient être ménagés, et que c'était aux monsieurs à partir ».

Cité devant le Conseil par Roussel, il s'excuse en disant qu'il avait mal compris la loi, ne niant pas le propos tenu priant ses concitoyens de lui pardonner de passer sur ses discours, assurant que personne ne l'avait conseillé à cet égard.

Les auditeurs de la publication verbale montrèrent de l'émotion; le registre assure que la réflexion de Jacques Normand « fit beaucoup de bruit », et quelques personnes reprochèrent à Roussel de ne point vouloir afficher certain décret. Sur explication donnée par Roussel (la peur que le décret ne fut lacéré) Louis Barbier s'offre de l'afficher et de le garder. Il le garda en effet tout le jour malgré le mauvais temps et rapporta le soir à la mairie.

C'était trop d'avoir dit que la Municipalité cachait des décrets. La veuve Alexandre Foing et Louis Barbier, cités pour explication avec Jacques Normand se voient dire d'être plus circonspects à l'avenir et menacés de fortes peines.

Ces bourgeois fort bons psychologues, se méfiaient des mouvements de foule, un jugement affiché et un procès-verbal transmis à la réunion de la garde nationale du district le 16 firent tout l'effet désirable.

Ce même jour 9 septembre, le Conseil

Général revêtu de ses insignes visite les maisons escorté de 12 hommes de la garde nationale pour, conformément à la loi du 14 août, vérifier les armes et les munitions de guerre se trouvant aux maisons et aussi l'inspection des armoiries extérieures.

Visite du château d'Alligny où une plaque d'armoirie en pierre de 2 pieds 1/2 de haut et de 1 pied 1/2 de large est notée. Constatation dans une chambre haute du côté droit, toute boisée, des armoiries en bois en grand nombre en différents placards, mais d'armes point.

A Insèches la recette ne fut guère meilleures. Quelques piques rouillées, une carabine de 3 pieds et demi sans batterie ni chien un canon de fusil démonté, une « albarde » rouillée, « trois épées en fer sans fourreau à l'ancienne mode » et autres rossignols d'armurerie. que contre récépissé, la garde nationale rapporte à la mairie. Ce fut surtout une visite de puissance neuve à puissance déchue.

A cette occasion Pierre Frossard, citoyen de Cosne fermier d'Insèches, vient certifier la résidence de François Joseph de Foucault. Différents certificats de présence nous le montrent se dirigeant par Grenelle et Mercy, sur Rouen où il dut trouver de fort nombreux coreligionnaires politiques.

Le 13 septembre 1792 les officiers municipaux et les notables assemblés au grand complet prêtent le serment civique sur l'invitation du procureur Alexandre Foing.

Pareil serment est prêté à l'église par tous les citoyens de la commune assemblés suivant l'exemple du curé Vaudry qui jura le premier et sut galvaniser les cœurs par un discours de circonstance.

Un citoyen demanda que la liste fut faite des absents qu'injonction leur fut fait de prêter le serment et qu'en cas de refus ils fussent déclarés infâmes et traitres.

Le 7 octobre les absents du 13 septembre prêtent le serment à l'exception de Pierrre Thomelin, de Villerot et Jacques Hurtand fils du bourg qui refusent formellement se déclarant « ennemis de la Nation » dit le regsitre. Vaudry fut chargé de les dénoncerr à Cosne.

La guerre, Vaudry, maire

Aux élections de novembre 1792, une nouvelle municipalité est élue. Chenal redevient maire. Paul Chenou est nommé procureur. Alexandre Simon Denoireterre, greffier. A l'occasion de la prestation de serment que le tragique des circonstances auréole de noblesse et de courage, Jacques Normand remet contre récépissé les archives de la municipalité. Les propos tenus par le père Normand ont dû quelque peu disqualifier le fils. Dans cette époque troublée la main d'un administrateur ferme s'imposait. Chenal cède la place à Vaudry, curé, en Avril, pour des raisons que j'ignore et qui peuvent être des raisons de santé.

Un arrêté du département en date du 7 mars 1793 prescrivant que chacun des volontaires que les communes doivent fournir se trouve pourvu au moment de leur départ de 3 chemises de toile de ménage d'une paire de guêtres de toile grise et d'une autre paire noire, le Conseil Général assemblé décide de faire faire les guêtres à Cosne l'étoffe nécessaire ne se trouvant pas ici, mais offre les 38 chemises demandées et qu'une collecte a réunies. Le maire et le procureur en ont donné chacun 3; Augustin Roussel, 4; Léger Lemoine, 2. Je n'ai pu trouver sur la liste le nom de Etienne Mabilat.

Les « défenseurs de la Patrie » enrôlés durent se rendre le vendredi 12 au district. A cette occasion trois commissaires : : Etienne François Foing. Alexandre Foing et Paul Chenou les accompagneront, ce qui eu lieu.

Reçu fut tiré des 38 chemises livrées et décharge des jeunes gens à l'agent militaire. On voudrait connaitre les noms de ces jeunes gens et leur nombre; le registre est muet et insensible; il vous laisse sur l'impression d'une livraison de marchandises. On peut induire le nombre de 19 hommes de par le nombre de chemises. Le 14 avril élection des membres du comité de permanence. Les membres du comité de sureté générale furent Chenal maire. Paul Chenou, procureur Alexandre Foing, Etienne François Foing et Verain Billot.

Les hommes qui s'attèlent à une aussi virile tâche font sentir 4 jours plus tard que l'heure n'est pas de plaisanter avec les lois et réglements quand le canon étranger tonne à la frontière.

Louis Morin, des Roblins, qui, lors du décès de sa femme a refusé de faire la déclaration de témoins et qui prétend enterrer celle-ci bénévolement, se voit juger sommairement à 15 jours de prison; 2 témoins devront se rendre auprès du cercueil lequel sera ouvert, et certifieront que le cadavre est bien celui de la femme Morin.

Ce, par les soins de Vaudrry, qui signale Morin, ses parents et ses voisins comme « aristocrates ».

Le 19 mai Vaudry remplace Chenal comme maire. Il sera l'homme de la tâche.

La besogne administrative au point de vue militaire consistera à fournir les hommes, à pourvoir à leur subsistance et à leur entretien.

Le premier contingent d'hommes fut fourni en Avril.

Le premier septembre 1793, les officiers municipaux convoqués pour dresser le rôle de la première classe suivante ne se présentent point; non plus que les hommes devant former ce contingent quoique dûment convoqués; la Municipalité en informe le district.

Les hommes visés par la loi du 23 août 1793 étaient les non mariés et les veufs sans enfants de 18 à 25 ans.

Un arrêt du district de Cosne fixant à 2 hommes le contingent des communes de Saint-Loup et d'Alligny réunies, est publié. Les jeunes gens ayant la taille soit cinq pieds deux pouces ou approchant sont priés de se présenter le 22 septembre.

Parmi ceux qui se présentèrent un seul Laurent Foing, des Barbezans avait la taille. Liste est dressée arbitrairement de cinq noms de jeunes gens ayant les 5 pieds 2 pouces requis qui ne se sont point présentés laquelle liste est envoyée au district.

Au mois de novembre, il est demandé

12 couvertures pour les « défenseurs de la Patrie ». que fournirent les gens aisés.

Septidi de la 2e décade de Nivôse, an II de la République, pour employer le calendrier de l'époque, une lettre de d'adminsitrateur du district annonce nos victoires. à Toulon sur le Rhin, sur la Moselle au Nord et en Vendée. Premier fruit du courage de nos soldats et de l'énergie républicaine.

Vaudry aussitôt fait annoncer à son de tambour dans le bourg et par des express dans les villages ces victoires, la fête civique qui doit les commémorer ainsi qu'il publie le nouveau mode de gouvernement révolutionnaire lequel devait changer les municipalités en comités terroristes.

Cette dernière nouvelle faillit tout gâter.

De très nombreux citoyens réunis dans l'église protestèrent contre la dictature révolutionnaire et, réunis en assemblée primaire parlait de nommer une autre municipalité. Réaction intéressante qui laisse voir un sens politique très sur.

La municipalité avec les notables au complet va rendre visite — aux turbulents mais est obligée de se retirer, laissant dit le registre, « aux aristocrates et aux mal intentionnés le soin de faire des sottises et des indignités » On pressent que Mabilat Etienne attisait le feu.

Le district enjoint à Vaudry de prescrire à tous et à chacun de rester à son poste jusqu'à l' « épuration » ce à quoi chacun obtempère.

La fête civique annoncée après 2 remises eu lieu le 19 janvier 1794, sans éclat la garde nationale n'ayant pas été prévenue par son adjudant Léger Lemoine qui s'était dérobé au réquisitoire.

Louis B., des Carrés est signalé comme déserteur et son père J.-B., comme complice. La municipalité fait savoir au père « qu'il se mettait dans un mauvais cas, attendu que sa conduite donnait l'exemple de l'insubordination à la loy, causait le désordre dans la commune alors que d'autres volontaires étaient requis de partir. »

J. B., « ne faisant que rire de ces objurgations » est emmené à la gendarmerie de Cosne.

En février 1794 les familles des vo-
« cy devant église » pour se faire ins-
trie sont priés de se présenter dans la
lontaires et des défenseurs de la Pa-
crire pour le secours à eux accordé.
Deux commissaires sont nommés le même jour à l'effet de porter à chaque volontaire un ordre écrit de se présenter le 6 germinal par devant l'agent militaire de Cosne.

En mai 1794 B. G., volontaire de la 1re réquisition parti de l'armée « à cause d'un mal de pied, craignant d'être mis à l'hôpital », est signalé au pays, arrêté et conduit à Cosne où le médecin décidera de son cas.

Le 14 fructidor, P., volontaire, étant ici sans autorisation est remis à la gendarmerie.

Le 18 Brumaire le soldat Langlois, atteint de hernie double, est venu de Belfort en voiture réquisitionnée. Il demandera son brevet de pension.

En novembre 1794 est publié à son de tombour l'arrêté du représentant du peuple Musset invitant les citoyens réquisitionnés qui se sont soustraits à la loi de se rendre à Nevers dans les dix jours sous les peines prévues contre eux et leur père et mère.

C'est de cette façon qu'en temps de guerre on solutionne les conflits entre l'égoïsme individuel et l'égoïsme collectif.

En février 1795 Laurent Foing, soldat de la 1re réquisition, venant de Toul présente ses papiers. Il pourra pendant quatre décades se reposer et guérir d'un « mal de jambe ».

Tels sont les faits principaux relatifs aux levées de contingent et à leurs suites qu'on peut noter pendant la période ou Vaudry fut maire.

L'Empire

Pendant six ans et quatre mois, de germinal an IV au 20 thermidor an X de 1796 à 1802, il y a vacance de la municipalité. La constitution impériale, qui remplace l'élection des municipaux par la nomination administrative, entre en vigueur; et c'est une municipalité de concentration, dirait-on aujoud'hui, qui a les honneurs du gouvernement. On y voit coude à coude Chenou et François Barbier François Legrand et Denoirelerre père et fils, Verain Roblin et Etienne Mabilat Léger Lemoine étant maire et Pierre Frossard, adjoint.

Ce Pierre Frossard était le fermier d'Insèches. Trafiquant par bâteaux sur la Loire du commerce avec la capitale, enrichi par la guerre, il avait acheté le château et la propriété des Fauveau, de Freuilly, au bourg.

L'activité de cette assemblée se borne à fournir à l'empereur de l'argent et des hommes. Les quelques réunions annuelles qui ont lieu, de 1802 à 1815, sont relatives à la levée du contingent au budget de l'armée aux moyens de réparer bâtiments communaux et chemin et à la publication des bons de vandanges.

La passion révolutionnaire est défunte, la France aux mains de Napoléon et aux prises avec la haine de l'Angleterre qui suscite coalition sur coalition, n'a plus qu'a obéir et à se taire. Lasse de parler elle se tait volontiers et obéit parce que l'essentiel de ses revendications est acquis.

Les chemins impraticables vont être réparés avec des impôts qui ne constitueront plus l'argent de poche de courtisans et le commerce va fleurir de ce chef. La terre appartient de façon définitive au paysan. L'indivision des terres qui obligeait à la cohabitation des familles étant supprimée, de nombreux foyers de jeunes vont se constituer. Une rage de bâtir s'empare de la population. Les gros domaines vont liciter ou se partager fournissant de la terre à acheplus hauts prix (presque ceux d'aujourd'hui).

Malheureusement il a tort d'en acheter pour plus qu'il n'a d'argent car l'hypothèque va s'apesantir sur lui et ses enfants pendant plusieurs générations. Il se console en pensant qu'enfin de compte ses enfants vivront une vie plus large.

Les émigrés peuvent rentrer en 1815 quand l'Empire sombre. Les faits acquis restent et ces paysans qui pendant 13 ans fournirent des soldats à l'Empire consolident pour toujours une situation qu'une défaite plus précoce aurait compromise gravement et pour longtemps.

Les finances en 1802 ne sont pas en bel état. Lemoine Léger en réponse à une lettre du préfet sur ce sujet, répond tristement : « Quand à la dette de la commune jusqu'au 1er vandémiaire an 11 la commune n'ayant plus aucun fonds ne fait aucune dépense n haucune dette ; mais les fontaines, puits, chemins vicinaux sont dans un état des plus pitoyables plusieurs chemins ont été anticipés ou pris en totalité. L'église a même besoin de fortes réparations, qui par la suite ataquerait sa solidité (sc). Entre le bourg et le village de Villerot possède de mauvais bois communaux entre eux, que la plus grande partie de ces bois dépendance de la commune de Saint-Verain dans laquelle il y a une réserve que les husagés demande que non leur permette de la vendre à lefet de faire de l'argent pour frayer (payer les frais) aux réparations et même il est urgent de la coupé il ... lon temps que ... la brigande... »

Nous appr[illegible] enfin « qu'on [illegible] décidé qu'au cito[illegible] le non norait de l'argent des sous aditionelles que non ferait faire la fontaine du bourg sur le devis qu'en a fait Ravet, de Cosne et aussi la fontaine des voués sur le devis qu'en a fait Pascault et aussi la fontaine des ogis. Et des chemins vicinaux qui sont dans un état impraticable... »

Ce bon Lemoine écrivait comme il parlait, mais ne se trompait pas quant à l'urgence. C'est luit qui fit creuser le puits de Champton entre ses deux domaines et pour leur usage commun. Le chemin qui dessert ce puits n'est pas encore praticable à l'heure où j'écris. A l'encontre de beaucoup de gens, il était plus charitable aux autres qu'à lui-même et semblait avoir oublié ses procès de chasse.

Ce qui presse plus encore, c'est la fourniture au contingent militaire que Napoléon réclame.

Le 15 thermidor an 10 sont récusés 9 conscrits de l'an 9 et 13 conscrits de l'an 10; au total 19 dont 3 sont touchés au sort. Le fils de Louis Barbier, qui doit partir se découvre un remplaçant.

En prairial an XI (1803) le Conseil décide qu'une contribution extraordinaire de 500 francs sera levée pour réparer les murs du cimetière, de l'église et du presbytère. On fait au desservant un traitement de 800 fr., à condition qu'il meublera lui-même le presbytère. Nous apprenons occasionnellement que l'église est suffisamment pourvue de vases sacrés et de lingerie ce qui est bien essentiel, car un culte ne va pas sans lingerie et sans vases pas plus qu'une religion ne va sans culte ni un peuple sans religion.

Ce desservant nouveau n'est autre que Sylvain Dechamp le successeur du curé Le Rasle qui n'a pas joui longtemps de sa situation reconquise.

Au début de 1804, Denoireterre, percepteur de l'an IX, Chenal, percepteur de l'an X, et Gouthière, percepteur de l'an XI rendent leurs comptes. Les centimes additionnels prélevés en ces 3 années serviront à réparer les fontaines.

Le budget de l'affouage, établi à ce moment, monte à 261 fr. 14. En floréal, le Conseil autorise trois habitants de La Roderie à mener paitre leurs vaches et leurs veaux sur la Gâtine et dans les bois d'affouage moyennant 50 francs par vache et veau, ce qui était cher pour l'époque.

Les chasses aux loups, très habituelles autrefois se font plus rares. La dernière en date est du 26 germinal, an XIII (1805). Une battue faite dans les Eusèches et la Vieille Vigne, avec l'aide de la population donne au tableau un renard et une louve pleine de huit petits.

Le 2 janvier 1808 seulement s'opère la vente des bois communaux réclamée à Partie des fonds sera employée à réparer les contreforts de l'église qui menacent ruine et partie à la construction à un mur en pierres sèches closant le cimetière lequel « est dans le plus mauvais état, n'étant point bouché, ce qui est cause que les terres écroulant journellement exposent à la vue des passants des ossements. En conséquence il est urgent de faire un mur puisqu'il n'y a que ce moyen de le clore et d'empêcher les bestiaux d'y aller paitre... »

Le mur du presbytère sera réparé aussi quoiqu'il y ait un surplus de dépenses de 79 fr. L'horloge depuis longtemps sans vie sera réparée aussi et même une cloche sera achetée pour lui servir de timbre. Tous ces frais montent à : presbytère 296 fr. ; horloge 241 fr., cloche 2.250 fr. fontaine du bourg 468 fr., église 260 fr. soit au total 3.515 fr. Les 79 fr. manquant furent retirés de la caisse d'amortissement où la commune avait quelques fonds.

Les anciens adversaires rentrent au Conseil les uns après les autres. Jacques Normand de Villerot, l'ancien maire jacobin prête en Mars le serment à l'Empire et vient s'assoir aux côtés de Mabilat et de Roussel. Cinq nouveaux membres sont nommés en 1813 dont Sylvain Dechamp.

En novembre même année est fait la reconnaissance et la description des chemins communaux. La Municipalité oriente son activité vers l'avenir comme si une aube allait se lever. On dirait que tout ce peuple sent par delà l'épopée impériale et les défaites qui en marqueront la fin l'épanouissement du siècle qui monte.

La vie déborde mais il faut attendre encore pour que la joie s'épanouisse comme le soleil après la pluie.

Il faut payer les frais des troupes de passage qui reculent devant les cosaques ; il faut supporter la présence de ceux-ci et les nourrir et loger. Il faut surseoir jusqu'après Waterloo.

Alors on sacrifie délibérément au renouveau de la vie normale revenue. Pour la première fois depuis 25 ans la jeunesse s'adonne à danser sur cette « chaume d'Alligny » qui depuis toujours constitue le lieu ordinaire de ses ébats.

L'endroit se trouvait au midi de la maison Lemoine Léger, où sont batis les immeubles Buchet et Carrouée, proche le carrefour actuel des routes de Cosne et de Donzy. Là, on dansait la bourrée en sabots au son de la vielle ou de la flute et cela valait bien de danser le black bottom au son d'un jaz dans l'atmosphère empoussiérée d'un bal.

Ce jour là donc, la jeunesse des deux sexes s'en donnait à cœur joie quand un incident troubla momentanément la fête : l'arrivée de deux cavaliers qu'on avait pris pour des gendarmes, deux cuirassiers venant en droite ligne de Waterloo avec armes et bagages, leurs huit années de services accomplies loyalement. On leur fit fête, vous le pensez bien. L'un se nommait Renault, et était du bourg, l'autre Joux, et était de Terre-Noire. Ce dernier passait pour mort ; ses frères et sœurs, qui s'étaient partagé l'héritage du père durent lui reconstituer sa part.

1815 constitue bien la fin de la Révolution et le début d'une ère de paix et de travail fécond.

La Municipalité en 1818 se décide à pour la mise en état des chemins communaux. Il est fourni 580 journées à bras et 207 journées de cheval en 1817, 500 journées à bras et 207 journées de cheval en 1818 290 journées à bras et 103 de voitures en 1819, pour les rendre praticables. Ceci en attendant l'ouverture des grandes routes contemporaines qui vont mettre la France à la tête de l'Europe au point de vue vicinal.

En 1816 répartition est faite entre les particuliers de la commune qui ont le plus souffert de la guerre d'une somme de 200 fr. que Sa Majesté Louis XVIII a daigné accorder. 61 personnes se partagent cette somme ; 39 reçoivent chacune 3 fr. 75 et les autres 2 fr. 50.

La Municipalité en 1818 se décide à payer un garde-champêtre, chose que le préfet demandait depuis plusieurs années. Le désir de ne pas aggraver les impôts seul avait empêché de le faire.

Elle s'y résigne vu « la multitude de délits dont l'impunité accroît le nombre d'une manière inquiétante. »

La religion rétablie honorée, par un culte pour lequel il ne manque ni vase ni lingerie n'arrivait pas à rendre inutile l'existence d'un garde-champêtre.

Dans cette même année, Vaudry, âgé de près de 60 ans, sort du silence et de la retraite qu'il s'est imposée pour demander dans une réunion municipale à laquelle il assiste au titre « d'un des plus imposés de la commune que les émoluements de l'instituteur public soient portés de 50 fr. à 150 fr.

« L'Assemblée prenant en considération l'exposé de M. Vaudry, attendu que l'institution est absolument nécessaire à cette commune par sa grande étendue et sa population, vote l'imposition supplémentaire de 100 fr. »

Vaudry rompant son long silence pour intervenir en faveur de l'instituteur, se montre l'égal de lui-même.

Il mourut le 14 mars 1833, muni des sacrements de l'Eglise donnant dit le registre de la cure « des signes suffisants de retour » (Paul Cornu).

Il est malaisé de juger ce geste final. Ces signes de retour ne furent peut être qu'un sacrifice au conformisme pour que paix soit donnée à sa fille. Celle-ci devait mieux connaître les sentiments paternels que le confesseur de son père car elle mourut sans remettre les pieds à l'église.

CONCLUSION

Voici après d'autres, une histoire locale de la Révolution Française. Ceux que cette étonnante période intéresse et qui connaissent les jugements contradicres portés sur elle par différents philosophes et historiens, ont devant eux des éléments nouveaux d'appréciation dont ils pourront user pour rectifier leur juge ment.

C'est après avoir lu le livre de Gustave Lebon sur la Révolution Française, écrit par lui pour illustrer ses théories sur la psyychologie des foules que j'ai songé à écrire cette courte histoire dont j'avais les éléments sous la main.

Je l'ai fait avec l'intention que je n'y saurait trouver la confirmation totale des idées émises par G. Lebon. Et, ce fut vrai.

Lebon assure que la Révolution de 89 avait pour but réel de substituer au pouvoir de la noblesse celui de la Bourgeoisie.

C'est parler à côté. Il existait un problème financier que la noblesse se proposait de solutionner au détriment de la bourse des bourgeois. Ceux-ci étaient bien décidés à ne pas supporter seuls le plus sûr était de prendre une forte le poids de la banqueroute ; et le moyen position dans l'Etat.

Il assure encore que le peuple fait les révolutions qu'on le pousse à faire. sans qu'il comprenne la moindre chose aux idées de ses meneurs.

Qui croira que les paysans que nous avons vu à la Municipalité n'aient rien compris à la situation d'alors. Peut-être ignoraient-ils si Chenal, Denoireterre ou Roussel avaient des hypothèques sur l'Hôtel de Ville mais ils ne pouvaient pas ignorer que la sueur de leur front se muait en argent de poche de courtisan ni que plus de la moitié du sol était possédé par quelques centaines de prélats.

A la misère qui les écrasait, s'ajoutait encore le mépris des puissants. De quelle pâte auraient-ils été faits s'ils n'avaient point prêté leur aide à la bourgeoisie pour la cause de la liberté. Roussel Vaudry Denoireterre, Chenal des meneurs? Non. Des chefs? oui.

Ils étaient épris de justice et ne songeaient à la réaliser que dans le cadre de la royauté et de la religion. C'est la trahison du roi et du clergé qui les a jetés dans la République et l'irréligion.

S'il a existé un meneur dans la commune ,c'est bien Etienne Mabilat, car ceux qu'il inspirait n'ont jamais rien compris à la grandeur de leur époque toutes petites gens vivant des miettes de la cure enivrés de fanatisme et de servitude.

J'aurais aimé découvrir dans G. Lebon la loi naturelle qui préside à la naissance de nos volontés; une lumière naturelle aurait éclairé sa thèse.

Cette loi c'est l'intérêt, vrai ou apparent. Elle nous domine, issant de notre subconscient. Elle s'impose à notre raison récente et versatile avec la logique et la brutalité de l'instinct; et c'est pourquoi nos oppositions sont si souvent démesurées.

La cause profonde de nos actes est la nécessité organique de réagir vis à vis les forces de variation, et les révolutions ne sont le plus souvent qu'une réaction vis à vis des tendances affaissantes. Elles n'éclatent pas brusquement et n'écloraient jamais si la porte de l'évolution restait ouverte.

J. H. Proudhon est autrement profond que G. Lebon quand il écrit : « Toute action engendre une réaction de force égale et de sens contraire. Le principe s'applique également aux sociétés... Ceci peut servir à expliquer bien des contradictions que l'on impute à l'inconstance populaire et qui ont leur origine dans la nature même des choses. C'est à l'homme politique à se bien assurer si ce qu'il combat comme erroné ne serait pas plutôt le bégaiement d'une vérité nouvelle ou la dénonciation de quelque grande iniquité. »

Oui la loi universelle de l'action est la réaction vis à vis les forces de variation ; c'est même la fonction exclusive de l'intelligence c'est le statut de la psychologie fonctionnelle des foules semble l'ignorer.

Toutes nos activités ont d'ailleurs ce caractère réactionnel qu'elles soient d'ordre physiologique ou psychologique.

On comprendra la puissance des reflexes mis bénévolement en jeu par une noblesse ruinée ignorante et bouffie d'orgueil et l'extraolrdinaire conséquence d'une opposition primitivement peu grave.

Les auteurs qui ont parlé de la fatalité des développements successifs des évènements révolutionnaires avaient sans doute au fond d'eux-mêmes l'intuition des lois profondes et informulées qui régissent nos actes.

La Convention, dont Lebon ne parle qu'avec une légèreté dédaigneuse n'a fait que formuler une loi naturelle quand elle a proclamé que la résistance à l'oppression est le premier et le plus sacré devoir du citoyen.

Ce qui aurait du frapper Gustave Lebon et lui imposer en quelque sorte des réflexions supérieures c'est le caractère oscillatoire des évènements révolutionnaires caractère si net que les faits s'accouplent d'eux-mêmes.

Ainsi la menace de renvoi des députés provoque le serment du jeu de Paume; l'appel des régiments étrangers, la prise de la Bastille. Le veto du roi à l'égard des mesures décidées le 4 août provoque la marche sur Versailles des 8.000 parisiennes. Le veto sur la nationalisation des biens écclésiastique détermine la Fédération des départements. L'appel à l'étranger : : l'armement des masses; la trahison du roi, la journée des Tuileries et le manifeste de Brunswick son jugement et sa mort.

Dans cette courte histoire locale, les oppositions ont moins d'ampleur mais sont aussi nettes. Elles ont tout le caractère de réaction mutuelle. D'ailleurs toute l'histoire peut se voir ainsi et un historien de génie serait celui qui l'écrirait en se plaçant à cet unique point de vue.

La lecture de son travail laisserait le lecteur sous l'impression d'un déterminisme absolu des événements.

Gustave Lebon ne croit pas à ce déterminisme et assure même que la civilisation a pour but de rompre, de dissoudre la fatalité.

Je voudrais bien le croire comme je souhaite que dans notre époque troublée nos modernes privilégiés, guère moins bouffis d'orgueil que leurs prédécesseurs ne provoquent pas bénévolement dans le jeu des événements sociaux, l'apparition de ces reflexes générateurs de révolutions.

Qu'ils apprécient ce conseil de Lebon : « Cèdes seulement quand on s'y voit force ne fait qu'accroître les exigences de celui a qui on cède. En politique, il faut savoir prévoir et concéder longtemps avant d'y être obligé. »

Ce qui vaut pour l'extérieur, comme pour l'intérieur.

Elie Jarreau.

Octobre 1930.

Histoire d'Alligny-Cosne de 1790 à 1820

(E. Jarreau)

Errata

page 1 - ligne 9 ; lire ; "quelques promesses"

page 3 ligne 8 ; lire : "domaine de Champroin"

page 3, ligne 17, lire ; "Jacques Normand, de Villerot"

page 4, ligne 5 (suite) lire ; "en ce qui concerne les Benoiseterre et les Chenal. En effet, Edme Chenal, le père, est marié à Marie Anne Chevron, sœur de Anne Chevron, femme de Augustin Benoiseterre, son fils Edme en 1793, en se mariant avec Françoise Véronique Benoiseterre, épouse sa cousine"

page 8, ligne 26 - lire "éprouvent" au lieu de "prouvant"

page 14, ligne 34, lire "le bénéfice de la menue et verte diame" au lieu de "même et verdime"

page 17, lignes 4, 5 et 15 lire "Roches" au lieu de Nodus.

page 17 ligne 33, lire "Cluny" et non "Clunny"

page 18, ligne 31, lire : "Reveille-dîner" et non "Reveille-dîner"

page 21, les lignes 30-31-32-33-34 et 35 de la fin de la page doivent être dans l'ordre 30-31-35-32-34-33.

page 22, ligne 11, lire "assez grandes" et non "assez grande"

page 25, ligne 11, lire : « si dûment générale » et non « si dûment agréable »

page 33 ensuite de ligne 21, lire : « Le Conseil, après délibéré, se croit dispensé de répondre à son mémoire, ou la démence etc »

page 38, ligne 33 lire : " le loisir de déchirer" et non "le loisir de dédicacer"

page 43, dernière ligne, lire "constitution civile" et non "contribution civile"

~~page 49, ligne 35, lire « les brochets du sacerdoce » et non les « brochets »~~

page 51 les lignes 27 et 28 sont interverties

page 54, ligne 10, lire : « le souci était grand »

page 57 sur la fin, et au début de 55 lire :

« Fauveau de Frénilly » et non « Frenilly »

page 72, ligne 2, lire : « les sentiments affectifs » et

non « effectifs »

page 74 lignes 21 et 22, lire « ayant fourni la

chambre »

page 82, ligne 16, ajouter et lire : « Les familles

des volontaires sont priées de s'assembler dans la... »

page 91, ligne 15 « j'ai fait avec l'intuition » et

non « avec l'intention »

page 91, les lignes 25, 26, 27, 28 et 29 doivent

être dans l'ordre ; 25, 26 - 28 - 27. 29.

page 93, ligne 17, lire ; « c'est le statut de la

psychologie fonctionnelle, et l'auteur de la « Psycho-

logie des foules » semble l'ignorer »

page 95, ligne 2, lire ; « cèder seulement » et

non « cèdes seulement »

[signature]

IMP. H. PONTAUT, COSNE

www.ingramcontent.com/pod-product-compliance
Ingram Content Group UK Ltd.
Pitfield, Milton Keynes, MK11 3LW, UK
UKHW021551260726
13993UKWH00002B/760